田径运动的科学研究与人才培养

黄亚飞／著

图书在版编目（CIP）数据

田径运动的科学研究与人才培养 / 黄亚飞著. -- 北京 : 中国原子能出版社, 2021.1 (2024.10重印)
ISBN 978-7-5221-1216-9

Ⅰ. ①田… Ⅱ. ①黄… Ⅲ. ①田径运动－运动训练－研究②田径运动－人才培养－研究 Ⅳ. ①G82

中国版本图书馆CIP数据核字(2021)第025779号

田径运动的科学研究与人才培养

出　　版　中国原子能出版社（北京市海淀区阜成路 43 号 100048）
责任编辑　蒋焱兰　邮箱：ylj44@126.com　QQ：419148731
特约编辑　陶　源　危云辉
装帧设计　梁　晶
印　　刷　三河市华晨印务有限公司
经　　销　全国新华书店
开　　本　787mm×1092mm　1/16
印　　张　14
字　　数　190千字
版　　次　2021年3月第1版　2024年10月第 2 次印刷
书　　号　ISBN 978-7-5221-1216-9
定　　价　75.00元

出版社网址：http://www.aep.com.cn　　E-mail：atomep123@126.com
发行电话：010-68452845　

前言

田径运动是田赛和径赛的统称。早在远古时期，人们为了获取资源，为了能够存活，需要通过不断奔跑、跳跃、投掷等同恶劣的环境抗争。在劳动中不断重复的动作慢慢演变成了今天的跑、跳、投等运动技能。

随着社会的不断发展，跑、跳、投等运动逐步发展起来，就形成了今天的田径运动。田径运动的发展，不仅让人们通过学习和锻炼掌握了各项技术，达到了锻炼身体、增强体质的目的，同时还提高了人们的技术和机能，挖掘了人自身的运动潜能，最后通过竞赛丰富了人们的生活。

本书介绍了田径运动中各项运动的发展历史，讲述了田径运动的相关教学理论、原则、内容等，通过全面的探讨与研究达到推广田径运动，普及田径运动的相关知识的目的，同时，本书还对田径运动的人才培训进行了探讨和说明，使读者对我国田径运动的后备人才培养有一个全面的了解。笔者希望田径运动的爱好者、学生、运动员等能够更好更快地掌握田径运动理论，有效地提高身体素质和体育技能，为自身的提升打下坚实基础。只有通过不断的学习和研究，才能推动田径运动向更好的方向前进；只有通过无数的你和我对田径运动的热忱，经过我们一棒接一棒的传承，才能让我国的田径运动事业跑在世界前列。

在编写过程中参考借鉴了一些专家学者研究成果和资料，在此特向他们表示感谢。由于编写时间仓促，编写水平有限，不足之处在所难免，在此敬请谅解，恳请专家和读者提出宝贵意见。

目 录

第一章 田径运动概述

田径运动的发展历史悠久，田径运动的起源从人们的生存和生产劳动中开始，是速度、力量、耐力、灵敏、协调和意志力等基本身体素质的综合体现，因此被人们称为“体育运动之母”。田径运动被世界上各个国家重视，认为一个国家田径运动水平的高低，就是衡量这个国家体育运动水平兴衰的标准。田径运动是奥运会中的必备项目，也是产生金牌最多的项目。在奥运会中，田径的地位被人们概括为“得田径者得天下”。

当今，每个国家都具有较高的田径运动水平，但想要进一步提高，就要采取特别的途径：如提升人体内在的机能和素质，或者加强运动员对田径运动中每个动作的深刻认知等。只有让运动员自身发掘潜力，熟练动作，才能更大限度地提升运动水平。现代田径运动历经了两个世纪的发展，人们在理解和认识田径运动方面，主要是经过了自古以来的运动词汇和近代用词命名，在各种运动实践中不断总结和演变，最后得出的结论。对于田径运动的定义，不仅要体现出这项运动和其他运动项目的差异性，也要让这项运动的本质有所呈现，如此，才能较准确地确定田径运动的定义。

田径运动表现形式有多种，运动项目多，不仅可以走、跑，还能跳、投。由于运动方式较多，所以根据其特定运动形式，分为径赛和田赛，而田赛又分为不同运动形式和要求的跳与投。那么，如何说明径赛和田赛的共同属性呢？最开始，都是用计取成绩的标准作为共同属性。但这种方式不能明确表明径赛和田赛同属一种运动的属性，也很难表现出田径运动和其他运动项目的差异性。例如，用时间来计取成绩的项目，不仅包括田径运动中的一些项目，其他运动项目中的运动也可以通过时间来计取成绩，像自行车、游泳、滑水等项目。所以，需要通过特定的定义为田径运动命名，不仅显示出田径运动的本质，也要体现与其他运动项目的不同之处。

第一节　田径运动的发展

上古时期，人们为了获得足够的生活资源，在大自然中同野兽进行斗争。为了生存，人们进行长距离的奔跑，跨过各种障碍，运用石块、木棍等各种工具扑杀动物，获得食物。在长时间的劳动中，这些动作不断地重复，进而形成了走、跑、跳跃和投掷等技能。随着历史车轮的滚动，社会不断向前发展，人们的意识慢慢发生了转变，走、跑、跳跃、投掷等技能逐渐转变成娱乐活动和比赛项目，并且一代一代地流传至今。

早在公元前3 500年的古埃及，就已经有了描绘田径运动场景的壁画。田径比赛起源于古希腊的古代奥运会，在公元前776年，第一届古代奥运会在古希腊奥林匹克村举行。当时的奥运会设有24个田径场内赛跑项目，另外还有竞走、跳高、标枪、铁饼等项目。从那时起，田径运动就成了奥运会比赛的正式项目之一。公元前490年，在波希战争中希腊军队打败了波斯军队，为了将胜利的喜讯传回国内，希腊士兵菲利皮迪斯从马拉松城一直跑到雅典城，全程约为40公里。当跑到雅典时，带伤的菲利皮迪斯宣告了胜利的喜讯，随后精疲力竭而死。为了纪念他，马拉松比赛因此而生。

1894年，现代奥运会组织在法国巴黎成立。1896年，第一届现代奥运会在希腊举行。在这届奥运会上，田径的走、跑、跳跃、投掷等项目被列为大会的主要竞技项目。1964年，全自动电子计时的最小计算单位达到了0.1秒。1968年，美国人吉姆·海因斯成为历史上首位100米跑进10秒大关的运动员；迪克·福斯贝里创造了跳高的全新姿势——福斯贝里跳（即背越式跳高），这是跳高史上的重大里程碑；国际大赛也第一次使用合成塑胶田径跑道。1983年，第一届世界田径锦标赛在芬兰首都赫尔辛基举行。1900年，第二届奥运会在巴黎举行，此次奥运会第一次增加了女子田径比赛，但参赛的女子田径运动员仅有6名。

奥运会每四年开展一届，运动员在奥运会上不断刷新着田径运动成绩，改进训练的方法。许多优秀的田径运动员经过刻苦训练，将他们的先进技术和训练方法带到奥运会上，进而推广到世界各地，让每一名田径运动员能够通过学习，提升自己的技术，提高自己的成绩。例如，跨栏跑和剪式跳高技术是在第二届奥运会上推广的；第十五届奥运会上，捷克选手拉脱培克取得5000、10000米和马拉松三项冠军，使得变速跑的方法得到了推广；1960年，新西兰运动员斯奈尔、马吉等在第十七届罗马奥运会上采用马拉松式训练法，在800米、5000米、10000米上取得好成绩，新西兰的马拉松训练法又得以推广；1968年，美国运动员福斯贝里在墨西哥奥运会上采用背跃式跳高取得冠军，这一跳高技术在2～3年内就取代了俯卧式跳高技术。诸如此类事例在历届奥运会中不胜枚举，这对田径运动的技术和训练方法起到了推陈出新的作用，使田径运动在全世界不断发展。

第二节 中国田径的发展和现状

一、中国田径运动的发展

19世纪初期，中国的田径运动开展，当时，外国的传教士将现代田径运动带入中国，在教会创办的学校之间开展田径比赛。中国田径的普及则是刘长春参加第十届奥运会后，逐渐在全国的国立、私立学校开展起来。1932年，中国首次参加第十届洛杉矶奥运会，派出的代表为中国短跑运动员刘长春。刘长春在国内的100米、200米和400米三个短跑项目打破了全国纪录，成绩分别为10.8秒、22.4秒和52.4秒，已具备了世界水平。但由于经费不足，参加奥运会需要乘坐邮轮，经过三个星期的海上漂浮，到达洛杉矶时已经体力不支。随后还没有好好休息恢复，就在第三天参加100米预赛，仅以11秒1的成绩名列小组第5名，未能进入下一轮比赛。在200米比赛中，刘长春跑出了22秒1的好成绩，虽获小组第4名，也未能进入复赛。比赛结束后，刘长春没有回国的路费，在当地华侨的捐助下才得以返回祖国。

新中国成立后，田径运动得到推广，在全国各地快速广泛地普及，技术水平也得到了很大提高。从1953年起，几乎每年都举行全国性的田径运动会，全国的运动员踊跃参加，不断缩短中国和世界之间的田径技术水平差距。1956年，女子跳高运动员郑凤荣以1.77米打破了当时1.76米的世界纪录。60年代中国有10个项目进入了世界前10名。1983年，在上海举行的第五届全运会上朱建华以2.38米创造了他自己保持的2.37米的跳高世界纪录。同年，徐永久以45分13秒4的成绩创女子竞走世界纪录，成为中国第一个在世界比赛中获得冠军的田径运动员。90年代，随着“马家军”的崛起，中国创造了一批女子中长跑世界纪录，王军霞还赢得了“亚洲神鹿”的称号。2000年，中国运动员王丽萍在悉尼奥运会上获得20公里竞走金牌。2004年，刘翔在雅典奥运会上勇夺110米栏冠军。

二、中国田径运动的现状

1.夺取奖牌的项目少

在雅典奥运会上，中国运动团队能够承担夺取奖牌任务的项目只有4个大项7个小项，只有10余名运动员能够承担任务。这说明中国田径在目前很难驰骋奥运会，能够参与夺金取牌的项目和人数都不多。虽然在这次奥运会上取得了2枚金牌，但并不能掩盖在其他项目上，连一枚奖牌也争不到的尴尬局面。

2.整体竞争能力不足

统计2001年世界田径锦标赛各国比赛成绩发现，在田径项目的比赛上，中国的排名仅列第33位。如果对比2002年中国亚运会田径选手选拔赛上的成绩与2001年世锦赛上各国选手的比赛成绩，就会发现，我国的男运动员中只有38%的人能够达到2001年世锦赛前25名的标准，而女运动员则为52%。但如果从48个比赛项目的成绩排名看，我国参加亚运选拔的运动员的排名将会更低，各个项目的平均排名为世锦赛上的300多位，最低的排名第583位。

3.教练员能力不足

我国体育教练的整体水平不高，教学上缺乏创新意识，学习和交流的能力较差，进而对运动员的后续发展产生了严重的影响。由于缺乏对发展趋势和训练规律的充分了解和深刻的认识，因此，训练观念和方法手段比较陈旧，不能做到推陈出新。

4.对兴奋剂的认识偏颇

部分教练员和运动员在对待兴奋剂问题的思想认识上，仍存在着偏差。历来，田径项目都是兴奋剂污染的重灾区，全运会年也常被称为兴奋剂多发的重灾年，所以，如何禁止兴奋剂的问题，是中国田径上一个任重而道远的路程。

三、我国田径赛事中的问题

虽然，我国对田径项目管理体制进行了改革，田径赛事也开始市场化运作。但运动员自身运动水平有限，缺乏经营管理经验，以及相关的社会文化现状等影响，致使中国的田径市场处于一个“幼儿期”，能够受到企业资助的队伍较少，可谓是凤毛麟角。长期的运动水平低下和经营管理不善，导致中国田径运动市场的运作发展遇到了阻碍。目前，很多赛事的筹办，需要政府的大量拨款才能维持下去。2008年奥运会后，奥运经济推动我国经济的快速增长，特别是体育产业的迅速发展，带动了与田径运动相关产业的发展，这给我国的田径运动事业提供了经济保障，也促进了田径运动的发展。例如，田径运动场馆建筑业、器材设备、运动服装鞋帽、营养保健品生产业、广告业等产业都会以较快的速度发展，田径队伍或运动员也得到了更多厂商的直接赞助和支持。

1.男女发展水平不平衡

我国田径运动面临的最突出的问题是男女运动员成绩的不平衡。从20世纪80年代起，在历次世界大赛上，我国女子田径运动员的实力显著地上升，运动成绩高于男子，而且已经率先跻身世界田径行列。这种现象，被我国田径专家们称为“阴盛阳衰现象”。这种现象持续的时间较长，且有着继续发展的趋势，对我国的田径运动状态，无疑产生了沉重的打击。虽然“阴盛”令人欣喜，但“阳衰”使人忧虑。虽然近些年，我国男运动员在田径项目中取得了优异的成绩，如刘翔在跨栏比赛中获得的成绩，但这并不能因一枝独秀而代替所有，男子田径运动依然处于低迷的状态。在多哈亚运会上，中国派出52人参加田径比赛，其中31名女选手、21名男选手，而女子选手夺取11

枚金牌，男子取得3枚金牌。和上届亚运会相比，女子实力有所增强，男子成绩有所下滑。在北京奥运会上取得的两枚田径铜牌，获得者周春秀和张文秀是两名女将。

2.田径成绩表现不一致

中国田径运动的成绩陷入了一个“怪圈”：运动员在参加国内比赛时，成绩往往非常优异，如全运会，但一参加国外或世界比赛，运动成绩就会一落千丈。在很多运动员的身上都体现出这种怪诞的现象，全运会成绩震惊世界，但奥运会、世锦赛无所作为，二者之间形成了强烈的反差。

3.田径项目发展不稳定

自古就有“得田径者得天下”的说法。如果运动员在田径比赛上能够取得优异的成绩，将会使国家的体育事业得到很大的发展。雅典奥运会，中国田径有刘翔撑起一片天，但北京奥运会后，刘翔因伤退赛，中国在田径赛场上，将无人争取更大的辉煌。因此，中国田径项目的发展非常不稳定，缺乏足够优秀的人才储备力量。

以年轻选手为参赛主体的城运会，是检阅我国体育后备人才储备的平台。但后起之秀在田径赛场上，却没有发出应有的光芒。国家体育总局田径管理中心副主任王大卫表示：“六城会田径其他项目的成绩很一般，现在的这些年轻小将再过几年就是主力了，但他们现在的状况很让我们担忧。毕竟光有一个刘翔是远远不够的，这给我们敲响了警钟。”中国田径项目的人才梯队建设是解决中国田径后备人才不足的重要举措，需要引起足够的重视，早日让中国田径事业更上一层楼。

第三节　田径运动的项目分类

田径运动是各项体育活动中历史悠久的运动项目了，是世界上普及最广的体育赛事之一。奥运会上的三大运动项目，田径占其一，包含46枚金牌，是奥运会金牌数最多的项目。因此有“得田径者得天下”的美称。

田径运动所比拼的是运动员的速度、高度、远度、耐力、体能，或者在最短的时间内表现出最大速度、力量、耐力等，这也是最能体现一名运动员自身素质的运动，体现出奥林匹克“更快、更高、更强”的精神。

对于运动员参加奥运会的标准，国际田联作出了严格的规定，要求运动员要在规定的时间内达成所规定的报名标准：个人项目每个单项达到A级标准的最多3名运动员参赛；如无达到A级标准的运动员，允许1名达到B级标准的运动员参赛；如无达到B级标准的运动员，则允许各报1名男女运动员参加除田赛项目、10000米跑、七项全能、十项全能以外的其他项目比赛。接力项目每个协会每个项目最多1个队，接力运动员可报6名，其中可报两名未达标的运动员。下面将对田径运动各分项目进行简单介绍。

1.短距离跑

短距离跑简称短跑。作为人的天生能力，人们在学会走路后，就能够跑动。在产生比赛意识后，也将跑纳入其中。对于短跑这种比赛项目，几乎每个国家的文献中都有描述。有史记载，在公元前776年古希腊奥运会上，短跑是唯一的竞技项目，当时短跑的距离为192.27米。

现代短跑起源于欧洲，在1850年的牛津大学运动会上，首先被列入正式比赛项目，当时设有100码、330码、440码跑项目。为了规范短跑项目，在19世纪末，将赛跑的距离由码制改为米制。运动员在参加短跑比赛时，需要使用起跑器，听信号统一起跑，跑动时必须自始至终在自己的跑道内。作为奥运会重要的比赛项目，短跑分为男子和女子两类，都含有100米跑、200米跑和400米跑。1896年，男子短跑项目列入奥运会，而女子短跑项目的列入时间较晚，1928年列入100米跑和200米跑，1964年列入400米跑。

2.中距离跑

中距离跑简称中跑。最初的中跑只有880码跑和1英里跑两个项目。19世纪中叶，开始规范中跑项目，880码跑和1英里跑项目逐渐被800米跑和1500米跑替代。有人认为，在1847年11月1日所举行的英国伦敦比赛上，中距离跑项目是最早成为正式比赛的项目。此次比赛中，英国的利兰（John Leyland）以2分01秒获得800米跑冠军。中跑运动员在比赛时不使用起跑器，听信号统一起跑。在奥运会比赛中，中距离跑是比较重要的比赛项目，分别设置了男、女800米跑和1500米跑。1896年，男子中距离跑项目列入奥运会；女子中距离跑项目加入的时间较晚，1938年，800米跑列入，1972年，1500米跑列入。

3.长距离跑

长距离跑简称长跑。在最开始设定项目时为3英里、6英里跑。从19世纪中叶开始，长距离跑的赛跑距离由码制改为米制，逐渐被5000米跑和10000米跑替代。据记载，现代最早的正式长跑比赛是1847年4月5日在英国伦敦举行的职业比赛，英国的杰克逊以32分35秒0的成绩夺得6英里跑冠军。奥运会比赛项目男、女均为5000米跑和1000米跑。男子项目1912年列入；女子5000米跑1996年列入，10000米跑1988年列入。

4.跨栏跑

跨栏跑最早起源于英国。这项运动的演变是从牧羊人跨越羊圈栅栏的游戏而来。最早的跨栏跑使用的跨栏是掩埋在地面上的木支架或栅栏，直到1900年，才出现了能够移动的倒T字形栏架。1935年，T形栏架改成了L形栏架。由于这种形状的栏架支脚朝向运动员起跑方向，跑动方向则没有支架，稍微用力就会向前反倒，这大大提升了跨栏奔跑的速度，降低了运动员跨栏摔倒的恐惧心理。1896年，奥运会比赛项目列入了男子110米跨栏跑、400米跨栏跑；1932年，列入了女子跨栏跑，当时是80米跨栏跑，1972年改为100米跨栏跑，1984年，列入400米跨栏跑。男子110米跨栏跑的栏高为106厘米，400米跨栏跑的栏高为91.4厘米；女子100米跨栏跑的栏高为84厘米，400米跨栏跑的栏高为76.2厘米。在比赛过程中，跨栏的距离是等距的，运动员必须在有限的时间内依次通过跨栏，而且不可直接用手推到栏架，或者用脚踹倒栏架。

5.接力跑

田径运动项目中的接力跑是唯一的集体项目，该项运动的完成需要多名运动员相互配合。接力跑以队为单位，每队4人，每人跑的距离相同。关于接力跑的起源，说法较多，有人认为是从古代奥运会祭祀仪式中的火炬传递中发展而来，也有人认为是与非洲盛行的“搬运木料”或“搬运水坛”游戏有关，还有人认为是古代传送的邮驿演变而生。

接力跑是奥运会项目中比较重要的比赛项目，分设男、女4×100米接力跑和4×400米接力跑。1908年，第四界奥运会上首次设立了接力赛跑项目，当时每个运动员的跑动距离不等，直到1912年第五届奥运会，方才将这种接力赛跑项目改成4×100米接力跑和4×400米接力跑。女子接力赛项目设立较晚，1928年，女子4×100米接力跑列入奥运会比赛项目，1972年，4×400米接力跑被列入奥运会比赛项目。

6.障碍跑

19世纪，英国兴起了障碍跑。这项运动最初是在野外举行的，障碍有树枝、河流等，障碍之间的距离也是不平衡的。由于受到较多的限制，19世纪中叶，障碍跑转到跑道上进行。当时的障碍跑距离比较随意，没有统一的距离，短的440码，长的可达3英里。

在1900年第二届奥运会上，首次设立障碍跑，分2500米和4000米两个项目。第三届奥运会后，障碍跑的距离被确定为3000米，并一直沿用至今。女子障碍跑发展比较晚，1997年才开始推广。障碍跑全程必须跨越35次障碍，其中包括7次水池。障碍架的设计高度为91.1～91.7厘米，宽度为3.96米，重80～100公斤。400米的跑道可摆放5个障碍架，各障碍架的间距为80米。运动员在进行障碍跑时，既可以直接跨过障碍架，也可以跳上障碍架后再跳下，还可以用手撑着越过，没有跨栏跑的限制。直到1954年，障碍跑的世界纪录才被国际田联所承认。

7.马拉松

希腊的马拉松原是一个具有历史意义的地方，这里发生过历史上著名的波希战争。公元前490年，波斯军队在马拉松海登陆，准备入侵希腊。希腊军队奋力反击最终赢得胜利。为了向国内传达胜利的喜悦，统帅叫传令兵菲迪皮德斯（Pheidippides）从马拉松跑到雅典城。当他跑回雅典城将胜利的消息发出后，因体力衰竭倒地而亡。为了纪念这一事件，1896年举行首届奥运会时，顾拜旦采纳了历史学家布莱尔（Michel Breal）的建议，设立了一个比赛项目，这就是“马拉松”。这项比赛的路线沿用当年菲迪皮德斯所跑的路线，距离约为40公里，这一距离一直保持了十几年。直到1908年第四届奥运会在伦敦举行时，为方便英国王室人员观看马拉松赛，特意将起点设在温莎宫的阳台下，终点设在奥林匹克运动场内，起点到终点的距离经丈量为26英里385码，折合成42.195公里。国际田联后来将该距离确定为马拉松跑的标准距离。女子马拉松开展较晚，1984年才被列入第二十三届奥运会。

在1896年首届奥运会后，世界各地开始广泛举行马拉松比赛。1897年，美国举行波士顿马拉松赛，至2000年已举办了104届，这是世界上历史最为悠久的马拉松赛事。马拉松一般是在公路上举行，起点和终点可设在同一地点，也可是不同地点，赛程可为往返路线，也可为单程路线。比赛时，会在中途设立已跑距离的公里牌，同时每隔5公里设一个饮料站提供饮料，两个饮料站之间设一个用水站，提供饮水或用水。马拉松运动员参赛下需要先经过身体检查，只有合格者才能参赛。

8.竞走

竞走最早起源于英国。19世纪初，英国出现了步行比赛的活动，到19世纪末，部分欧洲国家出现了从一个城市到另一个城市的竞走旅行，这种运动在当时非常流行。1866年，英国业余体育俱乐部举行首次冠军赛，距离为7英里。竞走分场地竞走和公路竞走两种。场地竞走设世界纪录；公路竞走因路面起伏等不可控因素较多，成绩可比性差，故仅设世界最好成绩。竞走对运动员的动作标准进行了相应的规范：行进时，双脚要和地面保持不间断接触，不准同时腾空，着地的支撑腿膝关节应有一瞬间伸直，不得弯曲。比赛过程中，如果出现腾空或膝关节弯曲情况，运动员就会被警告，3次严重警告即取消比赛资格。1908年，竞走首次进入奥运会，当时设定的距离为3500米和10英里。直到1956年奥运会，竞走项目方定为20公里（1956年列入）、50公里（1932年列入）。女子竞走项目的列入时间较晚，直到1992年才正式列入奥运会，距离为10公里，2000年奥运会改为20公里。

9.跳高

跳高源于古代人类的生产和生活，是为了穿越垂直过高的障碍而采取的行动。现代跳高运动起源于欧洲，18世纪末，苏格兰已有跳高比赛，19世纪60年代，欧美等国家开始盛行这项运动。1827年9月26日，在英国圣罗兰·博德尔俱乐部举行的首届职业田径比赛中，威尔逊（Adam Wilson）屈膝团身跳越1.575米，这是第一个有记载的世界跳高成绩。跳高的方式有跨越式、剪式、俯卧式、背越式等，目前大多数运动员都采用背越式。跳高的横杆长3.98～4.02米，最大重量2公斤，一般是用玻璃纤维、金属或其他适宜材料制成。1896年，男子跳高项目被列入奥运会比赛项目，直至1928年，女子跳高才被列入奥运会比赛项目。

10.撑竿跳高

撑竿跳高源于古代人类穿越过高或过宽的障碍，仅仅用跳高无法穿过，需要借助木棍、长矛等撑起才能越过。这种动作长时间的应用，久而久之就形成了运动。据记载，公元554年，爱尔兰就有撑越过河的游戏。撑竿跳高最开始流行于德国学校，被作为一项体操项目。1789年，德国的布施跳过1.83米，这是目前世界上能够查到的最早的撑竿跳高成绩。作为田径运动项目，撑竿跳高最早是在英国开展的，1843年4月17日，英国职业选手罗珀在彭里斯越过2.44米。直到19世纪末，撑竿跳高才在欧洲各个国家开始流行。

撑竿跳高的撑竿一开始是用木竿，那时的成绩不是很理想，只有3.30米；1905年，木质撑竿被重量较轻、有一定弹性的竹竿取代，最高成绩达到4.77米；1930年，较为坚固的金属竿出现，运动员不用再担心撑竿会折断的问题，不仅提高了握竿点，也加快了助跑的速度，此时的最好成绩为4.80米；1948年，美国设计出了一种新的玻璃纤维竿，其优点是重量更轻、弹性更强，目前使用该竿，撑竿跳高的成绩已突破了6米的高度。撑竿跳高的横竿长4.48～4.52米，最大重量2.25公斤，可用玻璃纤维、金属或其他适宜材料制成。撑竿的长度和直径不限，但表面必须光滑，而运动员一般都自带撑竿参加比赛。比赛时，运动员必须将撑竿插在插斗内起跳；起跳离地后，握竿的手不得向上移动；可以在规定的任一起跳高度上试跳，但每一高度只有3次试跳机会。1896年男撑竿跳高被列入奥运会比赛项目，2000年，女撑竿跳高被列为奥运会比赛项目。

11.跳远

跳远也是古代人类为了能够跨过沟壑、河流等障碍时所进行的运动，后来逐渐成为军事训练的手段。公元前708年，跳远成了古代奥运会五项全能项目之一。

现代跳远运动最早开始于英国。1827年9月26日，在英国圣罗兰·博德尔俱乐部举行的第一次职业田径比赛中，威尔逊越过5.41米的远度，这是第一个有记载的世界跳远成绩。跳远的腾空动作有蹲距式、挺身式和走步式。20世纪70年代出现了前空翻跳远，但因危险性大，因此，被国际田联禁用。运动员在起跳时，最开始是直接从地面起跳，直到1886年才开始采用起跳板。起跳板是白色的，埋在地下，与地面齐平，避免对起跳产生干扰。起跳板长1.22米，宽20厘米，距沙坑近端不少于1米。在起跳板的前方设有起跳线，其作用是为了便于裁判判断运动员起跳是否犯规。运动员必须在起跳线后起跳。在进行跳远比赛时，如果产生的运动员少于8人，则每名运动员可有6次试跳机会；如果超过8人，则先试跳3次，8名成绩最好的运动员再试跳3次，以运动员6次试跳的最好成绩排列名次。1896年，男子跳远被列为奥运会比赛项目，1948年，女子跳远被列为奥运会比赛项目。

12.三级跳远

三级跳远最早起源于18世纪中叶的苏格兰和爱尔兰，但这两个地区的跳法不同。其中，苏格兰三级跳远采用单足跳、跨步跳、跳跃，而爱尔兰三级跳远则采取单足跳、单足跳、跳跃。为了让三级跳远的方式能够统一，现在规定比赛项目中，必须使用苏格兰跳法。

最早的三级跳远正式比赛可以追溯到1826年3月17日首次举行的苏格兰地区运动会，比蒂（Andre Beattie）创造了12.95米的第一个纪录。在比赛过程中，运动员助跑后，需要连续作3次不同的跳跃动作：第一跳为单足跳，用起跳腿落地；第二跳为跨步跳，用摆动腿落地；第三跳为跳跃，必须用双脚落入沙坑。男子三级跳远于1896年被列为首届奥运会比赛项目，女子三级跳远于20世纪80年代初逐渐广泛开展，1992年被列为奥运会比赛项目。

13.铅球

铅球起源于古代人类投掷石块的动作。古代人类为了猎取食物，会将石块捡起后，投掷向猎物，起到杀伤或杀死猎物的效果。经过不断演变，就形成了铅球运动。14世纪40年代，欧洲炮兵闲暇期间推掷炮弹的游戏和比赛是现代推铅球起始，然后逐渐形成体育运动项目。

最开始，铅球是铁制作而成，质量适中时体积较大，后来改为铅制作，但质量较重，再后来为外铁内铅。正式比赛中，男子使用的铅球重量为7.26公斤，直径11～13厘米；女子使用的铅球重量为4公斤，直径为9.5～11厘米。早期的推铅球比赛并没有固定方式，选手可以按照自己的喜好来推，既可以原地推铅球，也可以助跑后推铅球；不仅可以采用单手的方式推，也可以双手并用推；甚至还会根据不同的体重，设计分级比赛。最初采用原地推铅球技术，后逐渐发展到侧向推、上步侧向推。20世纪50年代，美国运动员奥布赖恩发明背向滑步推铅球技术，该技术被称为“铅球史上的一场革命”。70年代，苏联运动员巴雷什尼科夫发明旋转推铅球技术，由于旋转后难以控制身体平衡，因此，至今只有极少数运动员采用该方式。比赛时，运动员应在直径2.135米的圈内，用单手将球从肩上推出，铅球必须落在落地区角度线以内，才是有效的成绩。1896年，男子推铅球比赛项目被列为奥运会比赛项目，女子推铅球比赛项目的列入时间较晚，为1948年。

14.铁饼

掷铁饼起源于公元前12～前8世纪，古希腊人投掷石片的活动。一直以来，这项运动都是民间的娱乐形式，直到公元前708年第18届古代奥运会，这项运动才被列为五项全能项目之一。最初的铁饼是石头制作的，打磨成盘形，后逐渐采用铜、铁等金属制作。掷铁饼技术经历过原地投、侧向原地投、侧向旋转投、背向旋转投几个发展过程。男子比赛中所使用的铁饼重2公斤，直径22厘米；女子比赛所使用的铁饼重1公斤，直径18.1厘米。比赛时，运动员应该在直径2.50米的圈内将饼掷出，铁饼必须落在40° 的角度线内方为有效。男子掷铁饼于1896年被列为奥运会比赛项目，女子掷铁饼于1928年被列为奥运会比赛项目。

15.链球

中世纪苏格兰矿工在劳动之余，用带木柄的生产工具铁锤进行的掷远比赛是链球的最早起源，后来逐渐在英国流行。因此，英语中的链球又有铁锤的词意。到19世纪后期，英国牛津大学和剑桥大学举行的运动会上，将链球作为比赛项目。当时使用的器械是带木柄的铁球，而后为便于投掷，将木柄改为钢链，链球由此而来。掷链球最初采用原地投，后逐渐改进为侧向投，旋转一圈投、两圈投、三圈投，现运动员多采用四圈投。正式比赛时，男子使用的链球重7.26公斤，总长117.5～121.5厘米，女子使用的链球重4公斤，总长116.0～119.5厘米。比赛过程中，运动员必须在直径2.135米的圈内用双手将球掷出，链球必须落在40° 的角度线内方为有效。圈外有U形护笼，确保投掷安全。1900年，男子链球被列为奥运会比赛项目，女子链球的起步较晚，直到2000年方列为奥运会比赛项目。

16.标枪

标枪起源于古代人类用长矛猎取野兽的活动，经过不断演进，长矛又发展成为作战的兵器。在公元前708年，第18届古代奥运会，标枪被列为五项全能之一。现代标枪运动始于19世纪的瑞典、希腊、匈牙利和芬兰等欧洲国家。1792年，在瑞典的法隆举办了标枪比赛。

最初，标枪的样式比较粗糙，运动员所使用的标枪为木制的，而且前后粗细一样。到了20世纪50年代初，美国标枪运动员赫尔德（Franklin Held）研究出两端细、中间粗的木制标枪，且其在空中飞行的时间延长，因此，被称为“滑翔标枪”。60年代，瑞典制造出金属标枪，使标枪的滑翔性能更强，从而，大幅度提高了运动员的成绩。1984年，民主德国运动员霍恩以104.80米的成绩打破世界纪录。国际田联为了让观台群众能够更安全地观赏比赛，在1986年，将男子标枪的重心向前移了4厘米，大大降低了标枪的飞行性能，在1999年将女子标枪重心向前移了3厘米。随着科技的发展，标枪的材质在不断升级，最初用木质，不仅笨重，而且不利于掌控，后来采用金属或其他适宜的类似材料制作，大大改善了标枪的性能。男子标枪重800克，长260～270厘米；女子标枪重600克，长220～230厘米。比赛时，运动员必须单手将标枪从肩上方掷出，枪尖必须落在投掷区角度线内方为有效。男子标枪比赛项目在1908年被列为奥运会比赛项目，女子标枪比赛项目于1932年被列为奥运会比赛项目。

17.全能

全能运动项目起源于希腊，公元前708年第18届古代奥运会上，设置了五项全能，由赛跑、跳远、铁饼、标枪和摔跤项目组成。现代全能运动始于欧洲。18世纪初，一些国家开展全能运动，但由于地域不同，每个国家开展的全能比赛的项目也各不相同。在1904年第3届奥运会上，设立了十项全能，项目包括100码跑、800码竞走、120码栏等；1912年第5届奥运会改为在瑞典流行的十项全能，延续至今。此外，1912年、1920年、1924年奥运会还设立过五项全能。女子全能运动1923年始于苏联，1948年得到国际田联的认可，1964年奥运会将五项全能列为比赛项目，1984年奥运会改为七项全能。比赛按规定的项目顺序分两天进行。男子十项全能第一天为100米跑、跳远、铅球、跳高、400米跑，第二天为110米跨栏跑、铁饼、撑竿跳高、标枪和1500米跑。女子七项全能第一天为100米跨栏跑、跳高、铅球、200米跑，第二天为跑远、标枪和800米跑。根据各单项成绩查国际田联制定的全能评分表，以累加总分计算名次，总分高者列前。运动员必须参加所有项目的比赛，如某个项目弃权，则不能参加后续项目的比赛，也不计算总分，如果某个项目因成绩太低或失败，虽然没有得分，但仍可计算总分。

第二章 田径运动训练

第一节 田径运动训练的理论知识

现代竞技体育运动的成绩已经达到了相当高的水平，和以前相比已不可同日而语。如2008年北京奥运会上，牙买加选手博尔特在男子100米跑上夺取冠军，用时9.69秒。这样的成绩已经打破了所谓的体能极限，令世人惊叹不已。这样的成绩产生，表明人类一直不断地在探索自然、挑战自然的道路上前进。

当今竞技体育运动成绩不断提高，一方面由于经济社会科技的发展，改善了训练方法、手段和条件等，提高了训练的科学化。另一方面，是运动选材科学化水平提高。可以肯定地说，现代竞技体育是人才的竞争，因此，选择具有运动天赋的人参加训练能够取得训练的成功。

研究表明，田径运动是一项成人体育项目。培养一名优秀运动员大约需经过8～10年的时间，并在其适宜的年龄获得最优异的运动成绩。因此，要尽早选出优秀的苗子，进行有针对性的基础训练和早期专门训练，进而有利于优秀的田径人才能够及时地脱颖而出。

科学选材有利于选出具有突出运动才能的儿童少年。科学选材提高了选材效率和准确性，结合科学的育才，可以提高成材率，降低淘汰率，从而避免了大量人力、物力和时间的浪费。

科学选材可保证多年系统训练的顺利完成。对于运动才能突出的运动员苗子，必须及时开始系统的多年训练，从而确保早出成绩，出优异成绩，避免贻误人才，保证目标的顺利实现。

第二节　田径运动训练的选材理论

一、遗传理论

人类遗传学是研究遗传与变异，既研究父母与子女间在特征性状上相似的现象，也是研究父母与子女间在特征性状上差异现象规律的科学。遗传理论认为，遗传使人类能保持子代与亲代的相似性，维持人种的稳定；而由于变异的存在，人类才能不断进化与发展。遗传和变异是一对矛盾，是辩证的统一，遗传是相对稳定的，而变异是绝对的。

在运动员科学选材和科学训练中，人类遗传学的研究成果已经渗透其中，成为科学选材“物质基础”，为运动员科学选材与科学训练的开展提供指导，而且许多理论已得到了运动实践的证实。随着基因技术的发展，人类遗传的奥秘正在不断地被揭开，并再次被人们认识。

运动能力的遗传具有三大特点，分别是连续性、相关性和阶段性。

德国科学家格拉姆在研究运动能力的遗传问题时，指出“在运动能力的遗传中，具有卓越运动才能的亲代，只要不是极端个体，其子代就有50%的人会具有优秀的运动才能，而且还有可能超越亲代个体，亲缘越远，这种可能性越大”。优秀运动员后代中，涌现出了许多运动天才。如姚明，其父母都是优秀的篮球运动员；中国足球运动员谢晖，其父母是前中国田径优秀运动员。因此，在田径运动选材工作的家系调查中，要充分重视连续性特征。

运动能力的遗传相关性认为，一个基因有多种效应，多个基因也可以完成同一效应，从而使基因与性状纵横相关，它们之间相互促进，又相互制约。这就决定人体运动能力水平的高低受到人体形态、心脏功能、神经系统、肌纤维等各因素的影响，它们之间存在着紧密的联系，不仅能够相互促进，也能够相互制约。以田径运动选材为例，一个形态素质很好的少年，是否具有较好的机能素质，其肌肉纤维的类型是否符合从事项目特征，其神经过程的强度、均衡性、灵活性方面的特征是否适合田径运动等，均需要在选材过程中对其运动能力全面综合的评价，从而获得准确地反映各种遗传性状之间的相关性。

运动能力性状遗传的阶段性表明：人类运动能力的性状遗传并不是一出生就能表现出来，因为其受到性状遗传发展变化的时间规律制约。遗传有显性遗传和隐性遗传之分，某些遗传性状可能隔代遗传，即使是显性遗传，往往也要到生长发育的一定年龄阶段，才会表现出其所具有的遗传优势。由于个体发育存在差异性，不同的个体中能表现同类性状，这在时间和强度上均存在差别，并存在个体阶段性变化的特点。这就决定运动选材是一个过程，而不仅仅是一次测验。需要我们在运动训练中，不断发掘、筛选，选出运动天才来。而筛选与发掘最重要的阶段，仍是对外界敏感、遗传因素作用最明显的青春期。

变异是绝对的。人类在变异的影响下，不断地进步与发展，运动能力不断提高，进而突破了一个又一个所谓的人类运动能力的“极限”。

运动能力变异的原因主要包括：基因突变、基因重组和彷徨变异。基因突变是指在特殊情况下，某个基因的结构和排列顺序上发生改变，出现新的基因，对其所控制的性状表达产生直接影响，其既可能带来良性转变，也可能为子代带来劣性转变。基因重组是指在受精过程中，遗传基因重新组合，使子代个体性状发生变异。这就是世界冠军家庭不一定能出冠军，不是冠军的家庭并不一定不能出世界冠军的原因所在。彷徨变异是指受到环境因素（如训练）的影响，致使人体性状或运动能力发生变异。总之，运动能力均受到遗传基因的控制和环境因素的影响。人体形态、运动素质、生理机能等，都不同程度地受到环境和训练因素的影响而发生变异。许多人类遗传学家认为，遗传只能为运动能力的形成和发展提供生理、生化和组织器官的物质基础，而环境和科学训练对运动能力的开发起着巨大的诱发与促进作用。

田径运动科学选材的重要理论基础的形成是根据人体运动能力的遗传与变异的规律而成的。遗传与变异的不确定性特点及相互关系，给运动选材带来了一些困难，并具有一定的复杂性。在选材过程中，不仅要了解亲代运动能力的表现，还要注意观察在生长发育过程中，子代在环境和科学训练的作用下表现出的运动能力。这些表现，不仅能帮助我们观察运动能力的遗传，更能反映运动能力的变异，使选材更准确、合理、科学。

二、人体生长规律理论

运动员科学选材研究的核心问题，是认识和掌握儿童少年生长发育的基本规律，以及在不同发育阶段中，儿童少年的身体形态、生理机能、运动素质、运动成绩以及生化和心理特征等的变化特征。只有充分认识并掌握这些规律，准确科学地判断发育程度、鉴别发育类型等问题，才能使选材工作更加科学，更加准确地预测运动员的未来能力。选材工作的实践证明，目前科学选材理论基础的很重要组成部分，是人体生长发育规律与不同阶段的发育特征。生长发育的一般规律是指人类群体在生长发育过程中所具有的一般现象，是一个量变到质变的过程，这不仅表现在身体形态上，而且还表现在各器官、系统功能的逐渐分化和不断提高方面。在这个过程中，明显存在的个体差异是受到遗传、环境等多种因素的影响，但仍要遵循这一普遍的规律。这种规律的存在决定选材不是一次性的检测，因为生长发育受发展变化的时间规律制约，在这一过程中，环境与科学训练对选材的质量产生了直接的影响。

人体生长发育有阶段性和连续性。生长发育的各个阶段既相互衔接，又不能任意跨越，每一个阶段都有独特的特点，并与其他阶段相区别，而且每一阶段与其前后阶段均表现出规律地交替、衔接性特点。前一阶段的生长发育为后一阶段奠定必要的物质基础，任何一阶段的发育受到阻碍，均会对后一阶段的发育产生不良的影响。选材时要考虑其生长发育的年龄特点，注意选材指标的各阶段性特征，对儿童少年的生长发育程度合理的评价。人体生长发育的速度并不是直线上升的，而是呈现出波浪式，总体上会出现两次生长发育的高潮期，即出生后1～2年和青春期。青春期的范围一般定为10～20岁，这个时期的青少年的身心各方面经历急剧的变化，生长速度明显加快，形态、机能、运动能力等方面均发生急剧变化，与此同时，青少年的心理变化也极其迅速。这些变化表现在情绪、态度、行为、人际关系、自我评价、价值观和社会责任感等各方面。在青春期，机体对外界环境因素的影响非常敏感，因此，训练上要讲究科学合理，在生理、心理、社会生活等方面也要特别注重对运动员的引导和帮助。

儿童少年生长发育不具有平衡性的规律。儿童少年的身体器官、系统生长发育的速度不平衡，有的生长发育较快，有的生长发育较慢，但又存在相互的联系与影响，具有统一性。如神经系统发育最早，而生殖系统发育缓慢，即使是同一系统，身体各部分的发育程度也存在差异，例如肌肉的发育，大块肌肉群发育比小块肌肉发育快，屈肌发育比伸肌快等，选材时应充分考虑生长发育规律，牵涉到未发育完善系统的选材评价要留有余地；在早期训练中更要考虑身体各部分发育的主次之分、前后之分。

人体的生长发育具有以上特点，因此在田径运动选材的过程中必须考虑以下的问题：

1.在了解生长发育一般规律的基础上，深入了解运动员个体特性。针对运动员个体，结合选材与训练，才可能发现好苗子。

2.人体各种机能和身体素质的发展敏感期不同，在选材过程中，一定要了解儿童少年各项机能和身体素质发展的敏感期。田径运动是体能类项目，在身体素质发展的敏感期进行合理的诱导，才能使好苗子不被错误地淘汰。

3.受到遗传和环境等因素的影响，儿童少年发育的程度也存在差异。而运动能力与发育的成熟度（或发育速度）有着密切的关系。在田径项目中，以速度、耐力与技术为主的项目，均应以选“大器晚成”者为主，具有特殊才能的“大器早成”者为辅。而以力量为主的投掷项目，若条件相同，应以选“大器早成”者为主，“大器晚成”者为辅。因此，鉴别发育程度，是选材过程中一项重要的指标。

4.人体运动能力的开发上，环境和科学训练具有巨大的诱发与促进作用。选材过程中，要为儿童少年创造发挥运动能力的训练环境，让其具备施展运动才能的天地，同时也为我们提供观察和挑选优秀运动人才的机会。紧紧抓住生长发育不同阶段的敏感期，充分调动遗传基因，从而充分表现出先天运动才能，这样才能缩短训练周期，提高选材的有效性和准确性。选材过程才能更加准确、合理和科学。

第三节　田径运动训练的选材实施

田径运动科学选材的主要方面包括：选材阶段的划分和任务、运动员选材模型、选材内容、选材方法和手段、选材的组织形式等。其中，田径运动员选材工作的核心是评价和预测，不同选材阶段的工作重点和要求决定选材阶段的划分和任务，决定选材工作质量的主要因素是建立合理的选材模型，决定选材工作内容的是竞技能力结构特点，决定质量的主要因素是科学的测试方法和手段，选材工作效率受选材工作组织形式的影响。各项工作相互联系，均对选材工作的效果产生了不同的影响。

一、田径运动选材的阶段任务

运动选材的阶段是指选材过程中的段落。不同阶段选材的任务和要求都有相应的差异，这些差异来源于训练体制的连续性和阶段递进性。掌握运动选材的阶段可以整体、清楚地了解选材过程，且明确选材各阶段的任务，以及相互之间的有机联系。

田径运动员的选材按照年龄划分为：初选阶段、重点选拔阶段和优选阶段。此分类方法符合青少年不同训练阶段任务的要求，符合我国田径相应训练的组织形式，因此，更具有代表性。各阶段选材的任务是各选材阶段对测试结果做出正确评价和预测的基础。根据各阶段选材工作的选拔对象和我国三级训练组织形式的特点，在总结前人经验的基础上，确定各选材阶段的主要任务。

初选阶段：主要是从8～12岁的儿童中，选择跑、跳、投能力较强的少年儿童，参加田径基础阶段的训练。通过不同途径，教练员对适龄儿童或少年进行普遍的观察和简易的测试，了解儿童少年的家族史与各人的体育活动史，判定儿童少年的发育程度，测定其在形态、机能及心理等方面的遗传特征，根据判断结果确认儿童少年是否适合参加训练，并初步选拔出训练对象。

重点选拔阶段：主要是评定所选人员的身体发育水平、身体素质和运动能力的增长速度，预测专项运动成绩的发展潜力。此阶段选材的重点是通过对初选运动员的基础训练，观察和了解他们从事一般身体运动、学习和掌握基本动作技巧的能力，从身体形态、运动能力水平的测试、技术水平、心理素质、训练表现等方面综合评定，从中选拔出符合本专项特点的运动员继续参加训练。

优选阶段：优选训练的对象是经过了重点选拔阶段后，对适合从事系统专项训练的运动员进行的训练。此阶段选材的重点是进一步分析和预测运动员的专项能力的发展水平、技术发展水平以及两者发展的协调程度与运动能力发展潜力，还有在各种困难条件下，运动员的心理适应水平和稳定性。此阶段教练员对所选运动员的综合分析具有重要性，在综合分析基础上，科学的预测对其竞技潜力和训练前景更具重要性。

二、田径运动选材的内容指标

田径运动员的选材内容可以分为身体形态、身体机能、身体素质、专项技术、心理、发育程度和类型的鉴别等几个方面。田径各项目所制定的优秀运动员，以及各项目在不同年龄段的选材模型和选材内容指标的科学性与代表性，对田径运动员的选材成功率和准确性有很大的影响。

总的来说，在测试指标的选择上具有较好的实践操作性。但田径是体能类项目，在全面身体素质发展基础上，每一个项目都有其自身的主导素质对于运动员能否成材起决定性的作用。因此，如何使选材内容和指标既具有较强的实践可操作性，又能准确、全面地反映青少年运动员各方面的发展水平，将是田径选材的主要研究课题之一。

三、田径运动选材的方法

田径运动选材方法手段是选材工作实践的基础，是决定选材工作质量的主要因素之一。由于众多学科渗透到运动选材领域，形成了体系庞大的方法群，而众多的方法从各自不同的方面测评或预测运动员的现状、未来，从而有利于对运动员进行全面的分析评价，且极大地丰富本身的研究领域和运动选材的研究领域。这些选材方法既是互相补充，又是独立存在的。运动选材方法很多，依据不同的分类标准，可分为不同的类别。根据田径选材实践中的工作情况，选材方法主要分为：自然选材、经验选材、科学选材和综合选材四种。

依据的角度不同，因素不同，选材方法也不同，如遗传选材法、年龄选材法、形态选材法、素质选材法、机能选材法、心理选材法、生化选材法等。在实际工作中，为了精选人才，选对人才，通常会综合使用以上方法，统筹考虑生长发育状况及身体形态指标、身体素质、专项运动技能、生理生化指标、心理条件、遗传因素、承受运动负荷的能力等指标。

在选材过程中，由于选材方法很多，某次选材中不可能不加取舍地统统采用，故必须进行选材方法的筛选。田径运动选材方法的选择应依据运动选材的科学理论和田径运动各项目对运动员个人条件的基本要求，结合选材的阶段层次、目的和任务来确定。方法是否合理，应符合下列要求：客观性，指任何人在任何时刻运用这一方法都能得到相同的结果，不以测试人的意志为转移；可靠性，指被检查、测定的特征具有稳定性，重复测定时可以得到同样的结果；有效性，指所测结果能够说明备选运动员的现状，有预测未来的可能和对未来成绩起影响作用；经济性，即方法应尽量简单易行，选材结果和所耗费的经费之间的比例合理；可行性，即该办法在本地区和本时期的人力、物力、技术、知识条件下是可以进行的。

四、田径运动选材的预测

运动选材测量只是手段、过程，是预测的前提或基础，最终目的是预测其未来能否成为优秀运动员。运动员选材关键是预测，整个选材过程就是以预测为核心，利用科学的仪器、方法直接或间接测试运动员的各项指标，并将测得的数据、指标和分析结果与教练员实际选材经验结合，为运动员科学定向，并预测其未来运动潜能的过程。

预测方法主要分为主观判断预测方法和数学模型预测方法。在此介绍几种常用的预测方法：

1.历史类比预测法

该情况是根据历史情报推测同样条件，未来发展情况的预测方法是根据两个或两类对象之间某些相似或相同的特征，预测他们在其他方面可能相似或相同的一种逻辑推理方法。

2.模型预测法

指的是使用模型模拟一种现象，通过改变参数的方法，研究某种事物未来发展的状况。

3.特尔斐法

指的是专家调查法，该方法是决策者进行科学决策，实施的一种行之有效的方法，符合专家与群众相结合的精神，优点是简单直观，预测结果能够为计划人员提供参考。

运动选材的评价和预测是根据运动员的各项测试成绩，运动员的生长发育程度和发育类型进行的。作为一个动态的过程，运动选材采用一次测试的数据预测运动员今后的发展趋势显然不具有科学性，结果不可靠。要结合训练的某一段过程，在一定的训练负荷下，观察运动员成绩增长的幅度、成绩增长速度、可训练性、承担负荷的能力等，对运动员潜在能力的大小进行评价，而该段过程的时间越长，越靠近预测目标，预测的信度就越高。

人体具有复杂性，影响运动成绩的因素众多，这些定性或定量的预测方法都不可能有非常精确的效果，即使是在形态机能方面的预测。但在选材中，对运动员竞技水平发展趋势的分析判别又是必不可少的。因此，如何提高预测的信度和效果，是选材研究的一个重要内容。

第四节　加强田径运动选材

我国田径运动员，与欧美运动员和非洲运动员在身体素质上有着较大的区别。虽然在训练中，我们下了不小的功夫，做了艰苦的努力，运动员和教练员都付出了巨大的代价，但是得到的运动成绩在整体上仍存在不高的情况。究其原因，这与田径运动是比赛运动员的体能这一特点有很大的关系。

实践告诉我们：我国想要在田径项目上有所突破，就必须将选材放在第一位，选拔具有特殊才能的后备人才，经过高标准、科学的训练，从而达到与国际高水平运动员抗衡的能力，这样才能迅速提高成绩，使我们的田径运动水平更上一层楼。

一、对科学选材引起重视

领导的重视是搞好科学选材工作的首要条件。当前，我国田径运动科学选材过程中存在的种种不尽如人意的问题，归根结底都是现行的管理制度跟不上实践需要导致的，因此，科学选材的现行管理制度必须进行创新和发展。

我国科学选材研究经过30多年的发展，目前已经形成了一定的规模，各级业余体校和选材机构为我国竞技体育取得举世瞩目的成就做出了较大的贡献。2005年5月12日安徽淮南成立了中国田径协会青少年发展委员会，这标志着我国青少年田径运动有了专门的人才选拔、推荐、培养和分析预测机构。该委员会的主要任务是科学选拔和培养优秀的田径苗子；及时发现、推荐高水平的田径后备人才；建立田径后备人才信息数据库，统计、分析、公布我国田径后备人才状况。它的成立促进了我国青少年田径运动的蓬勃发展，为国家输送了更多的专业运动人才。但一些省市的各级主管部门和领导缺乏对科学选材这一重要、关键的基础环节的重视，如没有建立系统的优胜劣汰竞争机制，没有长远战略意义上的经费投入预算与实施，没做到专款专用，缺乏长远观念和大局意识，就会导致科学选材的管理体制变得混乱。全国大部分基层选材机构没有专门的选材机构，也没有专职的科研人员，经常是为了应付上级部门检查，暂时设置机构或临时抽调人员，而且科学选材人员流动性大、选材队伍缺乏稳定性，从事科学选材工作的专职人员数量明显比兼职人员数量少。

多年的运动实践表明，我国在田径运动整体水平较低的情况下，仍有一些项目取得过奥运冠军或打破过世界纪录，这成了我国田径运动项目的亮点，如女子竞走、女子中长跑、短跨、跳跃类项目。为了取得进一步的突破，建议在这些优势项目上借鉴乒乓球、体操、跳水等项目的成功经验，充分发挥出我国的优势，集中优势力量，优化资源配置，在各级、各类体育学校、业余体校及体工队等优先发展优势项目，建立单独的单项运动队伍，组建项目攻关组，组员由具有高水平的教练员和科研人员构成，制订统一选材指标和训练规划，投入专项经费为选材和训练创造条件，将国内优秀青少年运动员集中在一起进行训练。同时多组织优势项目的各种级别的比赛，通过比赛选拔优秀的运动员。这样在选材与训练中，形成规模效应，既能集思广益，又可以形成合力。牙买加那样的一个小国，人口不多，为什么在北京奥运会取得那么多短跑项目奖牌，并在100米上打破世界纪录呢？就是因为他们把短跑项目放在优先发展的地位。他们的田径运动会就是短跑项目的运动会，只设立短跑项目。在这样的环境中，出现优秀的短跑运动员就不足为奇了。当然，这与他们的人种及科学的训练也有很大的关系，但在排除这些因素的情况下，我们应该看到，他们这种组织选拔模式的先进性。优势项目优先发展，不仅可以形成项目运动员的规模效应，也有利于发现优秀运动员，还可以节省投入，有利于在优势项目上取得突破发展。非洲的肯尼亚、埃塞俄比亚两国，在中长跑项目上也采用类似的策略，同样取得了优异的成绩。

二、科学选材的理论需要加强

我国科学选材的专门研究工作，70年代中期起源，起步较晚，进步较快。但目前还处在观察运动员的外表或初步检查形态、素质和身体情况的阶段，在运动能力遗传学、皮纹学、血型学、心理学和生理生化等新兴学科领域的研究上还远远不够，选材的准确性和可行性还有待提高。因此，尽可能根据各基础学科理论和技术的发展，进行综合性的多学科研究，加强田径运动选材理论的科学性，建立有效的运动员选材模型，使选材内容和指标既具有较强的实践可操作性，又能准确全面地反映出青少年运动员各方面的发展水平。

在加强基础理论研究的同时，我国目前存在田径运动的后备人才资源匮乏、运动员来源范围狭窄以及参加田径运动训练人数少等现实情况，因此，应开展并加强田径运动选材途径的对策方面的研究。

从我国现状来看，由于受到观念落后和人力的限制，田径运动的宣传力度不够，组织缺乏应有的创新，受到项目及经济效益疲弱的影响，田径对广大青少年的吸引力已经已越来越低，从而导致基层少儿选手不断减少，这在一定程度上对田径项目的生存造成了威胁，因此，需要在实践中解决问题，需要田径运动管理部门及广大田径运动工作者想办法解决该问题。

广大田径运动工作者要善于抓住一切机会拓展选材的途径，根据全国活动，通过体育部门与各级学校体育教师、教练员的配合，从中选拔出一批优秀的中长跑运动员。

研究并重视在田径运动选材中开拓比赛的作用。比赛选材是运动选材的一个重要途径。在田径运动中，比赛不但是检验训练效果的舞台，也是人才选拔的必由之路。运动员在比赛中，表现出了技术水平、身体素质、心理素质、应变能力等方面的状态，这是在日常训练中不可能做到的。同时也让运动员从小就在比赛竞争中成长，对运动员的成长产生重要的影响。但青少年运动员的身体发育期及个体间存在差异，其取得的比赛成绩并不能完全反映其发展潜力，若是以比赛成绩、名次作为选拔标准，那将会导致训练中忽视青少年运动员的身体特点，盲目追求专项成绩，致使部分具有发展潜力的青少年运动员流失。

自1999年开始，田管中心就开设了14～15岁以及16～17岁少年组比赛，加强青少年田径运动员的选拔。这种选拔采用的是运动员专项成绩与身体素质、身体形态指标综合排名的方法。但目前此类评判方式仅限于全国性比赛，在其他青少年运动员比赛中仍是以专项成绩作为唯一的评判标准。青少年田径赛事改革的当务之急是各省市区推行青少年运动员比赛成绩、身体素质及身体形态进行综合排序的比赛制度，这也是我国田径运动科学选材的重要保证。

三、科学选材研究需推广

我国田径运动选材的理论研究已具备较雄厚的基础，但实施过程却不乐观。普通业余体校—重点业余体校—体育运动学校—优秀运动队，是全国选拔、培养优秀运动员的主渠道。在这“一条龙”的选材、训练体制中，作为早期训练阶段的各级业余体校，对发现、培养、输送优秀运动员后备人才做出了巨大的贡献。但鉴于我国当前基层体校的现实条件，在运动员选材时，基本上仍是以经验选材为主。

高水平教练员在运动员的选材上是以经验选材为主，那基础选材的情况我们可想而知，经验选材占的比例只会更大。教练员的选材经验固然重要，特别是一些具有丰富经验的教练员，但在科技快速发展的今天，应该说我们完全有能力去寻找出一条科学选材与经验选材相结合的道路。教练员应主动去吸纳和接受新的科技成果，选材科研项目完成的标志应该是在选材的实践中应用，而不仅仅是专家鉴定或论文报告。另外，各级主管部门如果能够加大在基层选材上的经费投入，配置专职选材科研人员，配备专业的选材测试器材，使选材的科学性得到提高，从而田径运动选材工作将取得事半功倍的效果。

在选材的实践中，运用选材研究的成果是广大田径运动工作者今后工作中特别需要重视的问题。

四、选材网络范围应广泛

田径运动科学选材是从初级到高级层次筛选和长期培养的过程。科学控制选材过程，就需要按照选材的客观规律，建立科学选材网络系统，建立健全组织管理机构，明确各层次、各阶段的选材任务和相互间的有机联系，进而形成层层衔接的一条龙体系。

在各个训练层次中，科学选材要广泛地渗透其中，建立、健全各级运动选材网络。运动选材与运动训练具有并列发展的关系，选材应与训练形成并列适应的体制。目前，我国田径运动员培养模式，是国家及省市优秀运动队—体育运动学校—各类少儿体校，我国田径运动选材系统总属于田径运动管理中心，各级选材系统隶属于相应一级的体育、教育部门的组织和管理。在不同的层次中，应该建立运动员科学选材小组，重点体校应有专职人员长期进行运动员的科学选材工作。科学选材小组负责本单位的、本层次的选材研究与实施，并对下一层次的选材网络进行业务指导。

基本上形成省、自治区和直辖市选材领导小组，领导本省市的选材工作。负责协调和组织各方面力量，制定本省市选材工作规划和年度计划；组织开展科学选材网，领导选材组下设科学选材组，负责选材业务的工作；定期培训和考核各级选材网的选材工作人员，指导和检查下一级的选材组的选材测试工作，管理全省的选材数据库，积极开展选材科学研究。成立地区市一级的选材网，体育局分管田径的领导任组长，各级业余体校校长和教育局分管体育的领导作为领导小组的组员，下设市科学选材组，负责日常的选材业务工作，定期对本地区的业余体校或体育中学的运动员进行选材测试，管理本地区的选材数据库。县级选材领导小组下设县科学选材组，负责本县（市）的科学选材工作。这样形成一个相互衔接的选材网络系统。

田径运动管理中心要通过建立全国范围的田径运动选材网络数据库，掌握各级选材机构选材测试情况，形成以全国和各省、自治区、直辖市青少年田径运动员资源优劣势分析，以及重点培养人才分析为主线的田径运动科学选材管理系统。各省、自治区、直辖市及以下机构建立人才信息的子库，实现信息共享。结合全面掌握的情况，进行重点分析，把握田径运动选材的规律，实现田径运动选材信息数据的科学化、网络化、动态化和共享化，打破在选材上，各地方存在的故步自封、互不交流的人为壁垒；提高对田径运动科学选材的理解与认识，学习彼此优点，发现不足，集思广益，促进共同提高，形成一个科学、互动的网络系统，进一步促进我国田径运动科学选材的发展。

第五节　田径运动专门训练理论

专门训练理论的含义是指在运动训练中，所有的训练目标、任务、方法、手段和负荷等，均要围绕专项竞赛来考虑和安排，即专门化的竞赛是计划实施运动训练的出发点和归宿，即为专项化训练理论。专门训练是现代田径运动发展的必然趋势。现代高水平的田径竞赛中，运动员取胜的结果往往只有微小的优势，这体现出紧张激烈的专项竞争对抗性特点。

专门训练（专项化）是提高运动成绩的唯一途径，这不仅已体现在国际体坛近50多年以来的训练指导理论中，也已完全被各项目几十年的训练实践所证实。目前虽然重视专门训练成为许多教练员、学者的共识，但在对专项特征的认识上还存在一些不足。各种运动训练教材与指导书在训练内容的分类上，基本上都分为专项训练、专项辅助训练、专项基础训练和一般训练，本质上，这种分类方式是正确的，在实践中也行得通，但问题是对分类标准的理解有误。通常以“专项动作”作为区分的标准，把与此有重大差别的训练内容作为非专项内容。不同项目中的动作，其运动学特征相似，但由于工作强度不一，完成动作的动力学特征也就存在着极大的差别。如同样是跑，短跑和长跑的专项特征就存在差异。把存在极大差别的动作均算作“专项动作”，显然是不合适的。

一、田径运动专门训练的理论依据

1.生物适应性规律

人体生物适应性规律是专门训练的理论基础，决定了我们在训练过程中的基本要求。

按适应性规律，训练中尽可能采用专门训练手段组织训练，运动员会不断适应这种身体运动形式，并逐渐产生适应性变化，形成稳定的、与专项要求相符合的神经肌肉适应性结构。如果平时训练没有给运动员这样专门训练内容的刺激，或者训练的时间不够，这种状态的结构就会不稳定，比赛中也不能拿到相应的成绩。因此，我们应该对此要给予高度的重视，平时的训练要按比赛的要求，同时也要建立这种适应性结构。

2.运动生理学依据

供能系统的专门化训练。从运动生理学角度来说，训练目的中，提高机体专项运动时供能系统的能力是其中的一种，而运动中供能的速率和总量完全取决于专项的项目特点，其中最重要的是专项活动的强度和时间。对周期性项目运动员来说，如果在训练中保持专项技术、速度、强度不变，那么消耗的能量就保持在稳定的状态中，其生理化机制也不会发生改变。因此，在训练中只要训练的强度、时间，肌肉活动方式不变，与专项相应的能量供应系统就会受到锻炼（有氧和无氧供能的比例）。

神经—肌肉活动结构。从生理角度来说，骨骼肌的收缩完全受到支配它的神经所控制，而且这种收缩不是“全”或“无”的。所以，当练习动作改变，神经—肌肉联系方式也随之发生改变，所以，非专门的训练内容、方法与手段是练习与专项要求不同的神经—肌肉联系。如在进行杠铃负重下蹲的力量练习实验时，两腿站立的宽度分别为肩宽的75%、100%、140%，同时保持杠铃的重量不变，结果对臀肌和中间大腿肌的活动产生了明显的影响。

二、田径运动专门训练的方式

1.专门训练的关键因素

田径运动训练最重要的任务是发展运动员的力量与速度素质水平，改进专项技术，在专项运动中，专项技术最大限度地发挥它们的作用，创造出最高的专项运动速度，才能达到最高、最远和最快的目的，获得到理想的专项运动成绩。显然，专项运动成绩取决于专项运动速度。所以，必须根据影响专项运动速度的关键因素，确定和认识所采用的手段与方式是否符合专门训练的要求。

例如，田径的力量训练和举重的力量训练。举重项目就是一个强度的问题，一个重量的问题；而田径不光是力量问题，还有速度问题和技术问题。把力量训练的重点转到腰髋部位，因为髋部基本在人体的正中间，发力的时效比例应该是最高的，人跑起来也自然就快。运动员最后所获得力量或速度水平最终还得用到专项中去，因此，训练中一定要考虑训练采用的手段是否能够提高专项水平。

2.专门训练的能量供应特点

在田径等周期性运动项目中，经常以运动中的能量供应特点来确定是否是专门训练。激烈运动中，机体的能量供应的类型可分为三种，分别是无氧供能、无氧—有氧混合供能和有氧供能。

无氧供能又分为ATP—CP直接供能和糖的无氧酵解供能两种。不同的运动项目，能量供应方式不同。运动中的能量供应不是单一的方式，有的是两种甚至两种以上的供能方式。因此，教练员必须明确专项运动主要供能方式的类型，或者说运动员在取得运动胜利关键时刻的主要供能方式。例如100米跑时，机体的能量来源主要是依靠三磷酸腺苷（ATP）和磷酸肌酸（CP）供能，所以，机体中ATP和CP的储备以及二者间的代谢能力是最高跑速的生理生化基础。研究表明，训练中随着速度素质的提高，肌肉中ATP和CP的储备量也会增加。

在400米和800米的激烈比赛中，除了ATP—CP系统供能外，能量的主要来源是糖的无氧酵解供能。因此，提高400米和800米跑的运动成绩，主要是发展运动员机体的糖酵解代谢能力。而糖的无氧酵解能力与运动负荷、运动时间、休息间歇时间等运动负荷的组合方式有密切关系。合理的负荷组合在短期内，能够有效地改善运动员的糖酵解供能能力。运动负荷的组合取决于教练员的训练艺术，是教练员对项目特征的认识，是训练指导思想集中的体现。

3.肌肉工作特性

不同的运动项目，专门训练中肌肉的工作特点与专项技术动作特征不同，这是确定专门训练的重要依据之一。专门训练必须与实战相结合，尽量让专门训练的动作设计与专项动作相一致。我们应该充分认识到，练习身体素质的某一动作既是练习手段又是练习方法，某一动作的练习，一方面练习了素质，另一方面巩固了专项技术，所以，合理设计动作就可以一举两得。作为一名教练员，如果不了解和掌握专项运动的肌肉工作特点，就不可能深刻理解运动专项的项目特性，使训练手段的选择与使用、训练方案的制订与实施存在极大的盲目性，训练成绩将不可能持续地提高，最终无法达到高水平。

三、田径运动专门训练的意义

专门训练要适应田径运动竞赛的发展需要，符合田径运动训练发展规律和现实需要。专门训练有利于运动员尽早展现出优异的成绩，保证运动成绩的提高。只有正确理解专门训练的目的和意义，一切训练安排要符合专项比赛的要求，训练中强度、供能方式、神经—肌肉类型等均要与比赛保持一致，即比赛比什么，训练就练什么，这样在训练中采用专门训练的方法和手段，才能更好地提高田径运动成绩。

现代田径运动各项目的专项成绩已经达到相当高的水平，要想不断提高训练水平，在比赛中夺取胜利或创造新的纪录，教练员和运动员必须付出艰苦、创造性的劳动。因此，教练员首先要正确认识和深刻理解田径运动的项目特征，确立正确的训练指导思想，找到提高专项成绩的训练途径，科学地设计训练结构，准确选择训练方法与手段，合理安排与控制训练负荷，保证训练任务的完成，实现计划目标。

如果对自身训练项目的特征未有清晰的认识，肤浅的理解就不可能设置行之有效的训练方案。这样一来，必然导致练得不“准”，运动员的运动负荷再大，练得再苦，也不会产生较大的成效，甚至产生负效应，导致运动损伤和过度疲劳。而有目的、有计划地发展运动员的专项能力，就必须根据项目的性质、特征进行研究，针对性地进行训练，才能取得显著的成效。所有的训练都围绕这一点来安排和进行。在练习手段的选择上，着眼于练习手段与专项的联系，判断其是否能够促进专项成绩的提高。只有准确把握项目特性，才能在训练内容、训练方法和手段的选择与设计上更符合专门训练的要求，才能在这些项目上创造出更好的成绩。

第六节　田径运动的负荷理论

田径运动员的训练离不开运动负荷，运动员以运动负荷衡量运动训练的水平。运动负荷对机体的刺激引起机体的应答，并改善和提高运动员的体能、技能以及心理能力。可以说，负荷是引起机体变化，获得训练效应及提高运动成绩的基本要素。没有负荷就没有训练，不消耗就不能得到增加。

田径运动是体能类项目，其成绩的提高是以充分挖掘运动员的体能潜力为基础。因此，在田径运动的训练过程中，取得较好成绩的保证是对运动员施加高强度的运动负荷。在田径运动训练过程中，运动负荷各种因素的不同搭配和组合，可使同一形式的身体练习产生不同的效果和训练作用。在运动员成长过程的每一个训练阶段，不同的训练任务对运动负荷和负荷结构提出了不同的要求。目前，田径运动比赛日益增多，并且已逐步成为训练的一部分，整个运动负荷的组成发生了很大的变化，甚至是质的变化。从目前世界优秀田径运动员来看，在训练中的变化，特别是运动负荷方面的变化，主要体现在负荷强度上，而不是负荷量上，这是一个最为显著的特点。这些变化很值得我们去研究和探讨，从而更好地指导训练。

一、田径运动负荷的概念

在理论研究中，概念明确是正确思维的必要条件。有了明确的概念，才有可能做出恰当的判断，进行合乎逻辑的推理，从而使人们能够正确分析和研究问题；概念不明确，就会导致思想混乱，人们不能获得正确的知识，不能正常交流，甚至还会造成误解和过失。概念是各门科学的基石，是认识发展的阶梯，在一定的历史条件下，任何概念都标志着人们对某一事物的认识程度，不是认识的终点，而是新认识的起点。因此，明确运动负荷的概念，将对田径运动负荷理论的研究起重大的影响作用。

运动负荷概念的表述有很多种，一方面说明了运动负荷本身的复杂性，另一方面表明了我们目前对运动负荷的基本概念存在着大量模糊和矛盾的认识。这种概念上混乱的直观表现，就是相关文献中表述运动负荷的名词十分庞杂和不统一。因此，如果在研究过程中，未严格定义其所说的运动负荷，就会导致人们在学习、运用、借鉴过程中，因为对概念理解的差异，而出现误解或过失。

虽然运动负荷概念的理解不尽相同，但对负荷结构的解释是一致的。运动负荷是由负荷量和负荷强度两个因素构成，并以此构架了负荷量与强度关系。不同量、强度的数值搭配，形成了不同训练效果的特定负荷结构和运动负荷分类等知识体系。

二、田径运动负荷的分类

目前，国内所有的运动训练学教材和专著中，对运动负荷种类的划分多是根据运动主体的性质进行的。根据不同的分类方法，我们可以得出很多不同的类别。爱特科·弗尤（爱沙尼亚）根据有机体承受负荷的能力，把训练负荷分成下面几种：

1.超过有机体机能能力的过量负荷；

2.发展性负荷，能使某一方面的适应性蛋白质得以合成，并使机体产生发展性变化；

3.维持性负荷，能防止已增长的蛋白质结构遭到破坏以及机体其他方面的衰退；

4.恢复性负荷，虽不足以阻止衰退变化，但对再生过程有积极作用；

5.无用负荷，对机体没有发展、维持或恢复作用。

三、田径运动负荷的定性

训练中运动负荷定性的基本内容包括：

第一，运动负荷的专项性。是运动负荷要与运动员参加的项目、与自己训练水平相称的比赛要求相符合。据此，可以把运动负荷分为专项性负荷与非专项性负荷。专项性运动成绩提高的直接因素是进行专项性的练习，而间接因素是非专项练习。只有专项练习才是取得高水平成绩的唯一途径。因此，突出专项练习已是现代高水平运动员训练过程中的必由之路。训练成功的前提，就在于始终把训练安排在专项训练水平不断提高的轨道上。

第二，运动负荷是供能系统的作用方向。明确练习时的肌肉工作是哪种供能系统在产生作用。肌肉工作时有三种能源：磷酸原无氧能源、乳酸性无氧能源和有氧性能源。科学安排运动负荷的一项非常重要的工作是对供能系统作用方向进行定性。目前，采用测定血乳酸的方式把握供能系统的作用方向，已经取得了较好的效果。但是，血乳酸浓度采用任何手段都会变化，如果采用的训练手段和方法不符合专项性，就仍达不到提高专项成绩的目的。

第三，动作协调性的复杂程度。协调性越复杂、难度越高的练习，有机体承受的负荷就越大。区分动作协调性的复杂程度是运动负荷定性的一个方面。在周期性运动项目中，动作协调的复杂程度比较单一，对运动负荷的影响不大。协调性的复杂程度是训练中客观存在的，区分它是控制训练负荷的必需过程。

目前，由于体育科研水平和测量技术上的缺陷，定性分析运动负荷还面临着很大的难度。比如，在对专项性负荷的认识上，哪种练习手段和方法符合专项的特点，哪种手段与方法是非专项性，是否对项目特征有正确认识是很难评定的。目前，在这一问题上，很多是根据教练员的经验性评定的。然而，现今竞赛的胜负只在毫厘之间，单纯地依靠简单的经验对运动负荷的性质进行评定是远远不够的。所以，今后需要进一步加强这方面的科研。

四、田径运动负荷的定量

运动负荷的定量就是要具体的计量运动负荷。运动负荷的定量主要是从两个方面进行，分别是负荷量和负荷强度。负荷量包括负荷持续的时间、一次练习或若干练习完成的工作量等；负荷强度与工作的紧张度等有关。负荷量与负荷强度只能针对具体项目及单个练习或者成组的练习等进行评定。目前，综合性评定一堂训练课或一个周期的运动负荷很难。当前，量与强度只能针对具体项目、单个练习或者成组的练习进行评定。把运动负荷的量以距离、时间、次数等物理计量值来对待，笼统地加在一起，反映一堂训练课的运动负荷，可以说是一种并不确切的做法。

"外部指标"和"内部指标"是用来计算运动负荷大小的两个重要参照。实际操作中，负荷量的"外部指标"，一般采用训练手段与方法中常用的计量参数，例如，100米跑10次，总跑量为1000米；80千克杠铃举10次，总重量为800千克等。负荷强度的"外部指标"一般采用训练手段与方法中常用的计量单位，或者是实际负荷强度与运动员本人最大限度负荷强度的比值。例如，100米跑每次跑11秒，或以个人最大限度负荷强度的95%进行练习等。

负荷的"内部指标"，实际上就是有机体对所完成练习的反应。使用内部指标评定负荷的大小，可以根据完成练习时，主要机能系统表现出的各种指标进行判别。例如，运动反应时完成单个动作的时间、用力的大小与特点、心率、呼吸频率、肺通气量、需氧量、血液中乳酸的累积量与累积速度等。负荷的大小除了上述指标外，也通过工作能力的恢复、糖原储备、氧化酶的活性、神经过程的速度和灵活性等来判断。

田径运动主要是对人进行生物学的适应和改造，很多变化的发生是在社会系统、血液、肌肉，甚至是细胞中，其实看不见、摸不着的一种变化。所以，一堂训练课练下来，练得对不对，好不好，教练员的经验确实起到了重要作用，但只有那些具有多年训练经验的高水平教练员才能准确把握这一点。“看不见、摸不着，能见度又低”，一定要有生理、生化指标，甚至更高级的科研仪器设备测试，才能分析判断运动负荷的效果。

训练中度量负荷的所有指标都只能反映出负荷含义的局部，且只能用极少的指标，而以图形的方式反映某一负荷定性与定量的全部信息，目前尚不存在可能性。在运动训练过程中要考虑负荷的综合效应，对负荷做出正确、合理、确切的计量，是科学训练的重要内容与标志之一。

第七节　田径运动周期训练理论

田径运动周期训练理论问世后，成为东欧、亚洲及西欧的许多国家进行运动训练，特别是体能类项目训练的支柱理论，在各国的运动训练中被广泛地应用，成为主要的理论依据。在我国运动训练理论与实践中，周期训练理论也占有重要的地位。自20世纪60年代中期，这一理论被提出后，我国的竞技运动训练，尤其是体能类运动项目的训练，均是在这一思想指导下进行设计、安排和实施的。该理论为我国教练员和运动员广泛接受，成为对运动训练最具影响的训练理论。一直到目前，我们都是在这一理论的指导下进行运动训练实践工作。由于周期训练理论是以体能性项目的研究为基础建立起来的，因此，对田径运动的指导作用就更有研究意义。

周期训练理论从形成至今，已经存在大半个世纪了，对运动训练的发展做出了重大贡献。但近几年来，由于竞赛制度的重大变革，赛事频繁，使传统的周期训练理论受到了很大的冲击，并与运动训练实践发生冲突，成为人们关注的焦点，使人们对这一理论提出质疑。在不断质疑的同时，周期训练理论也得到了丰富和发展。因此，为使周期训练理论更好地为训练实践服务，有必要回顾周期训练理论产生和发展的历史，总结发展趋势，从而使教练员、运动员更好地把握训练理论的时代脉搏，进行科学的训练，促进运动训练水平和运动成绩不断提高。

一、周期训练理论的依据

运动训练周期理论实际上是对年度训练计划的安排指导。马特维耶夫周期理论的核心是以年度为时间单位，划分出三个训练周期，分别是准备期、比赛期和过渡期，并在不同的训练周期，安排不同比例的负荷量和负荷强度、一般身体训练和专项训练，并以此为特点构成了周期训练理论。目前，田径运动竞赛系统也带有明显的年度周期性特征，因此，人们通常以年度周期作为组织运动训练过程的基本单位。年度周期以是否包含重大比赛，如奥运会和世锦赛等，区分为平常年度和重大比赛年度，也可根据年度主要任务，区分为恢复训练年度、基础训练年度、提高训练年度等。周期训练划分的主要依据是：

1.竞技状态形成的规律

竞技状态是运动员在竞技完善的每一个新的台阶上，通过相应的训练所获得的对运动成绩的最佳准备程度状态。竞技状态主要的评价指标是运动员在竞赛中展示的运动成绩。运动成绩能够达到或接近最高水平运动成绩的次数越多，说明竞技状态越好。

竞技状态发展的周期阶段性是周期划分的自然基础，而竞技状态的发展过程又分为获得阶段、保持阶段（相对稳定阶段）和暂时消失阶段这三个交替变化的阶段。由此，训练周期也相应地分为三个时期：准备期——保证竞技状态形成；竞赛期——保持竞技状态以及在比赛中体现出已经获得的各种竞技能力；过渡期——保证活动性休息，将训练水平保持在一定水平上。为了发现高水平运动员年度竞技状态的变化规律，马特维也夫统计整理450多份田径、举重、游泳三项高水平运动员的年度运动成绩变化资料，根据年度运动成绩变化情况，即年度中形成竞技状态的次数，将年度周期类型划分为三种类型，分别是单周期、双周期和三周期。

最佳竞技状态是指运动员创造优异运动成绩中，所处的最适宜的准备状态。竞技状态的形成主要是通过对训练过程的控制。只有运动员在比赛期达到最佳竞技状态，才会取得优异成绩，这也是运动训练的最终目标。运动员良好竞技状态的主要表现有：身体机能活动的节省化；缩短恢复过程；提高专项所需的运动感觉；技术稳定，动作准确协调，用力效果好；情绪高涨，渴望比赛。当运动员所具有的上述各个方面在总体上均处在一个高水平的范围，并能够持续一段时间，即可认定该运动员的竞技状态处于最佳时间段。

2.竞赛项目日程的安排

科学、合理的安排和有效地控制运动训练过程，使运动员创造优异的专项成绩是周期训练的目的。运动训练的根本目的是在比赛中创造优异的专项运动成绩，因此，竞赛项目的日程安排对我们划分训练周期具有重要的参考价值。

竞赛日程对训练日期的具体持续时间产生了一定的影响。由于这一日程规定了官方比赛的日期，因此，在安排训练时，要考虑到时间的期限。除此之外，竞赛日程系统也影响比赛结构，在一定程度上限制了其他训练时期的持续时间。在全年的田径训练中，应将比赛按照重要程度进行分类，并根据训练时期的特点进行分布。在准备期中，适当安排重要性程度低，具有明显训练和监督特征的比赛，是本质上训练的比赛。若运动员的重大比赛的准备，或者最佳状态出现在竞赛期内，那么，在过渡期通常不一定会安排比赛。

当前田径运动竞赛受到了商业化、职业化的巨大影响，高水平运动员比赛数量与往常相比，呈现出成倍增加的情况。如刘翔一年的参赛数量一般在11～16场之间，在2003年6月27日到7月13日之间就陆续参加了奥斯陆、洛桑、巴黎、萨格勒布、罗马和盖茨海德六站黄金联赛和大奖赛的比赛，数量之多、密度之高，那是教练员和运动员以前不能想象的。这种情况的发生，无疑需要对参赛运动员的周期训练的安排做出新的要求。其实这种赛制的变化不只是为运动员创造更多的比赛机会，它真正的意义在于通过大量的比赛，不断提高运动员的专项训练水平，使整个训练形成阶梯式的过程，不断地向新高度攀登，而这种以比赛的形式提高训练水平的方式是任何一种单纯训练方式所不能比拟的。

由于田径运动训练的目的就是在比赛中创造佳绩。竞技状态是周期划分的内部机制，竞赛日程是周期划分的外部条件，而且竞技状态的调节与发展也是以比赛安排为依据，因此把竞赛日程作为年度周期划分的主要依据，主要从竞赛制度的变革方面去研究训练周期的划分。

二、田径运动周期训练安排要点

通过了解优秀运动员年度周期的安排，目前田径竞赛制度，笔者认为田径运动年度周期安排应抓住几个特点：

1.紧紧抓住重要比赛，以能在重大比赛中创造优异成绩为基本原则。确定主要比赛与一般性比赛，同时根据运动员的竞技状态发展规律，合理地安排全年的训练和比赛，有目的、有选择地“以赛带练”和“以赛促练”，保障运动员在重大比赛前，形成最佳的竞技状态，进而完成年度目标。优秀运动员的名字都会出现在重大比赛中，尤其是奥运会和世界田径锦标赛这样重量级的比赛，每次都会集中世界上最优秀的运动员前来，这也从另一方面说明优秀运动员的训练周期都是按照重要比赛的目标来安排的。

2.比赛与训练的结合。训练是为了比赛，比赛也是为了提高训练质量的重要手段。优秀运动员每个周期都会安排比赛性的测试和热身赛来检验训练的效果，找出不足，在后面的训练中重点训练，在重大比赛中创造佳绩。同时，每个周期的训练内容也结合比赛，在训练中突出速度训练，提高前进速度的训练特点，这样与比赛紧密的结合，提高了训练的针对性，又与下个周期形成很好的衔接，有利于训练的系统性、节奏性和周期性。

3.在训练内容上与传统周期安排不同，突出提高专项能力，训练内容不管是身体素质，还是技术训练，都紧密联系专项训练的特点。将训练与比赛融合在一起，训练是为比赛，比赛促进训练。

4.注意各周期之间的衔接。在年度训练周期的实施过程中，把一年中的各个阶段看成一个整体，上一周期的训练安排甚至比赛都是为下一周期取得更好的训练效果服务的。注意各阶段之间的内在联系和相互衔接，保持年度训练的系统性、节奏性和周期性的统一。

三、合理制定周期训练的建议

由于经济社会的发展，现代竞技体育环境条件得到了极大的改善，广大群众对竞技体育的文化需求不断增加，因此，竞技体育社会化与产业化发展趋势呈现出欣欣向荣的景象，竞赛数量大大增加。而周期训练理论在原有的基础上也发生了许多变化，即出现了许多变异。但是，万变不离其宗，周期训练理论的一般原理仍然适用。

广大教练员明确认识到周期训练理论对运动训练的重要性。为适应现代竞赛制度变化，教练员在安排运动员的运动训练结构时，仍应以周期训练理论为指导，正确处理好比赛与训练的关系。

1.重视竞技状态形成的规律

任何优异运动成绩的取得都需要运动员具有良好的竞技状态。而竞技状态的形成与发展有其自身规律性，只有当训练进程符合这种规律，才能产生良好的训练效益，使运动员训练水平的提高步入正常的轨道，才能称为是科学的训练周期。因此，无论在何种赛制下、何种类型的训练周期，偏离竞技状态的形成与发展规律都是不可取的。

2.重视竞赛重要程度的区分

随着世界田径赛场的日益火爆，运动员所面临的比赛越来越多，赛期越来越长，每场比赛之间的间隔也越来越短，特别是6~8月的比赛旺季中，在欧洲，几乎每天都有不同规模和水平的田径比赛。在这种情况下是不是全年安排十几个训练大周期呢？对于这个问题，马特维也夫教授指出，要求运动员在“满”的竞赛日程上，所有比赛中都取得优异成绩是不明智的。训练过程划分周期就是为了保证运动员处在最佳的竞技状态，并能够在重大比赛中表现，创造出最佳的运动成绩。

我们不应盲目地去迎合和采取“以赛代练”，要根据各方面的情况，首先分清比赛的主次，确定年度要参加的比赛中，哪些是重大比赛，哪些是一般性的练习比赛，然后根据总目标，即在年度重大比赛中取得优异的运动成绩的原则，对其余比赛区分不同的重要程度，确定不同的比赛目标，同时根据竞技状态发展的规律，合理地安排全年的训练和比赛，有目的、有选择地“以赛带练”和“以赛促练”，保障在重大比赛之际形成竞技状态，完成年度的目标。根据重要性，我们可以把训练年度区分为奥运会年和非奥运会年。

第八节　田径运动训练恢复理论

科学训练体系中，运动恢复是一个重要的组成部分。运动训练过程中两个紧密相连的过程是负荷与恢复，而且是决定训练成效的两个基本因素。负荷与恢复构成了矛盾对立统一的两个方面，两个方面互为依存，互为补充。“没有疲劳的训练是没有效果的，没有恢复的训练是危险的”。在训练过程，通常人们只注重运动前做好充分的准备活动，而往往忽视运动性疲劳的消除，也就是运动后的恢复。要知道不重视运动恢复，就会使疲劳积累，经过一定程度发展，成为过度疲劳，甚至一些运动员在体坛上昙花一现，过早地结束了运动生涯。这就是田径运动训练中，在增加负荷的同时，还要注重恢复的重要原因之一，而运动恢复也成为体育科研的重要课题。

随着田径运动水平的不断提高，高强度训练已成为高水平田径运动训练的发展趋势；比赛对抗更加激烈，赛事日益频繁。世界优秀运动员每年要参加20多场的比赛，同时参赛也成为提高训练强度的一种手段。面对高强度的训练和高频率的比赛，必然增加了运动员机体的疲劳程度，进而影响运动员重新训练的能力，因此，运动恢复越来越受到各国的重视，并投入了大量人力、物力进行研究，使恢复效果得到提高。

运动训练或比赛后，身体出现不同程度的疲劳反应，这是正常的生理现象，是运动训练的必然效应。但在训练或比赛后运动员能否迅速而充分地恢复，直接影响着运动水平的提高。加速机体恢复是采用高强度训练的重要前提，如果每次训练或比赛后得不到及时恢复，就很容易导致训练过度，从而影响训练的效果，并对比赛成绩的提高产生影响。对营养和恢复的投入，就是对训练的投入。只有在保证恢复的前提下，负荷产生的疲劳才有价值。高度重视运动恢复成为田径运动训练的发展趋势，运动恢复已经成为田径运动不可缺少的组成部分，也是田径运动训练的一个重要内容。

一、关于田径运动训练恢复理论的依据

1.对运动恢复的理解

运动员在运动负荷，并受到其他环境因素作用后，身心能量的暂时减少，诱导机体不断地与环境进行物质、能量和信息的交换，再合成新能源，不断提高身体机能和运动能力的过程，就是运动恢复。

运动恢复是训练持续的基本保证，甚至可以说没有恢复就没有训练水平的提高。各国优秀田径运动员，都是在承受大运动负荷的同时，不断寻找和尝试着各种积极显著的恢复手段。虽然恢复方法大多不易被人注意，却常常成为许多人取得成功的“秘密武器”。

体育运动结束后，人体的各种机能活动仍高于运动前水平，必须经过一定时间才能逐渐恢复至原有水平，这一变化过程即为恢复过程。各种机能并不是在运动后才开始恢复的，而是在运动员运动时，在能量物质分解后的再合成阶段，已经开始恢复，只是此时组织细胞中的消耗超过了恢复。运动后，消耗停止，人体恢复过程加强，直至彻底恢复。恢复过程中，根据人体内能量物质的消耗和恢复的关系，可分为运动时消耗占优势的阶段、运动后的恢复阶段和超量恢复阶段。研究和掌握恢复的规律，并有在实践中针对性地运用，对保证训练质量，提高运动训练成绩具有重要的意义。运动恢复不能简单地理解为让运动员充分地休息，其主要目的是消除疲劳，并使运动员的机能水平得到保持和提高。

2.运动性疲劳

运动性疲劳具有复杂性，是多层次问题，这个课题的研究已有一百多年的历史。《辞海》中，疲劳的解释是持久或过度劳累后造成的身体不适和工

作效率减退的现象。《运动生理学》对运动性疲劳的定义为：由于运动而引起的运动能力和身体功能暂时下降的现象。1982年的第五届国际运动生物化学会议上，运动性疲劳定义为：机体的生理过程不能持续，其机能在特定的水平上，不能维持预定的运动强度。这一定义被国内外许多专家、学者的认可，并广泛地采用。引发运动性疲劳的主要原因是运动，运动能力的下降是暂时情况，经过休息可以恢复，所以疲劳是一种正常的生理现象，是运动到一定阶段，必然出现的生理功能变化。研究疲劳的目的就是为了延缓运动中疲劳的出现，运动后尽快消除疲劳，促进恢复的过程，提高运动员的竞技能力。根据运动者的主观和客观感受，可分为生理疲劳和心理疲劳，前者可以通过较客观的指标反映，后者则侧重主观感受，两者既有差异性，又有相关性。

3.运动性疲劳产生机制

经过一个世纪的研究发展，随着对运动性疲劳产生机制研究的不断深化，对运动性疲劳产生的机制，当前最具代表性学说有以下几种：

（1）能量耗竭学说：认为运动性疲劳主要是运动员在运动过程中，体内的能源物质（ATP、CP、肌糖原、肝糖原等）的耗尽，而又不能得到及时的补充。

（2）代谢产物堆积学说：认为运动性疲劳主要是运动过程中某些代谢产物（乳酸、氨等），在体内大量堆积引起的。

（3）内环境稳定失调学说：认为疲劳是由于pH下降、水盐代谢紊乱、血浆渗透压改变等因素引起的。

（4）保护性抑制学说：认为运动性疲劳的产生是由于大脑皮层产生保护性抑制的结果。在短时间、大强度运动时，大量兴奋冲动向大脑皮层相应的神经细胞传递，神经细胞长期兴奋导致消耗过多时，就会产生保护性抑制。

（5）突变学说：认为疲劳是肌肉收缩控制链的能量供应、肌肉力量、兴奋收缩偶联三个组成部分中，一个或几个环节发生中断，或破坏而产生的。

（6）自由基损失学说：认为疲劳的产生是由于体力活动尤其是急性大强度运动时，体内产生了大量的自由基，并且形成链式反应，引起膜结构等损伤导致。

对运动性疲劳产生机制的深入研究，促进了我们加强了对运动性疲劳的认识。如果针对性地采取相应措施，就可延缓疲劳的出现，或加速疲劳的消除，提高运动能力。

4.运动性疲劳的诊断

科学判断运动性疲劳的出现及其程度，对合理安排训练有很大的实际意义。然而，疲劳的表现形式不同，引起疲劳的原因和部位也不相同。目前，还没有一个准确判断疲劳的方法，因此，对于运动性疲劳应作综合的评价。下面介绍几种常见的简易方法。

（1）观察法

即观察运动员的反应，通过询问、观察对象的自我感觉和其某些外部表现，判断疲劳的程度。

（2）生理指标测定与判断

小腿围，长距离跑或竞走后，由于下肢血液滞留及组织液增多，可增加小腿围，其增加与疲劳程度成正比。

体重，长时间运动时，泌汗增多，体重下降，其降低程度与运动量的大小有密切的关系。

肌力，可测定握力、背力和腿力，早晚各测一次，或运动前后测，观察其差数及恢复情况，如次日清晨已经恢复正常，可判定为正常的肌肉疲劳。

脉搏，可测定晨脉或运动前、运动后和恢复期的脉搏来判断疲劳情况。脉搏频数增加的程度与疲劳程度成正比。

呼吸肌耐力测定，可连续测5次肺活量，每次间隔30秒，疲劳时肺活量逐次下降。

反应时，短跑、跨栏运动员神经反应快，灵活性高，疲劳时反应延长。

皮肤空间阈值，测定皮肤对两点的定位感觉。运动后疲劳时，皮肤触觉机能下降，运动后较安静时大于1.5倍以上为轻度疲劳，2倍以上为重度疲劳。

（3）生化指标测定与判断

常用指标有：血红蛋白、血乳酸、血尿素、血氨、尿蛋白、血睾酮等，通过测定这些生化指标，可以了解身体对负荷量和强度的适应情况和疲劳程度。

二、超量恢复理论

目前，我国运动训练的重要基础理论之一，就是超量恢复原理。在训练中，该原理已经被广泛认同和接受，成为经典的竞技体育的基础理论和训练的原则。在运动时，被消耗的能源物质不仅能恢复到原来的水平，而且在一段时间内还出现超过原有水平的现象，这称为超量恢复。超量恢复是客观存在的规律，超量恢复的程度和时间取决于消耗的程度，在一定范围内，肌肉的活动量越大，消耗的过程越剧烈，超量恢复也越明显，这也是训练时要求“超负荷”，即超过已适应负荷的原因之一。如果运动负荷超过了生理能够承受的范围，就会延缓恢复的过程。运动实践证明，在超量恢复阶段，运动员参加训练和比赛，能提高训练效果和创造优异竞赛成绩。

1.超量恢复原理的提出

苏联学者雅姆波斯卡娅提出超量恢复原理。她的研究证明：在适宜的刺激强度下，随着刺激强度增大，运动肌糖原消耗量也增加；在恢复期的一个阶段中，会出现被消耗物质超过原来数量的恢复阶段，成为超量恢复；超量恢复的数量与消耗过程有关，在一定范围内，消耗越多，超量恢复的效果越明显。

此后，“超量恢复”原理逐渐得到运动生理、生化和运动训练界的广泛认同，并被接受，在大量研究课题、学术论著以及课程教材中引用，成为指导运动训练的“经典基础理论”。至今，超量恢复原理在运动生理、生化和训练领域仍然有着重要的位置，并由此提出了肌肉活动时，消耗物质的超量恢复原理和运动后恢复期物质恢复的异时性原理。

2.超量恢复与运动训练

从运动训练目的上讲，运动负荷过程不是训练的目的，它只是竞技能力增长的必要前提条件，而竞技能力增长的最终实现，是在训练负荷终止后的恢复过程中，恢复不仅是为了保护机体内环境的相对平衡，补偿负荷消耗的那部分能量，更重要的是达到尽可能大的超量恢复，以求获得更多的物质再生。

超量恢复是提高人体能力的生理机制，机体通过不断增加训练负荷来产生超量恢复，逐步提高竞技能力。“超量恢复理论”的确立，不仅作为人们解释运动训练效果的理论基石，而且成为指导训练实践和制订训练计划的重要依据。正确运用超量恢复原理，能使身体锻炼、训练达到最佳的效果；在一定生理范围内，最大限度地提高人体机能和健康水平；不同性质的身体运动，可以引起不同营养物质和机能的超量恢复。

三、运动恢复的方法

现在运动恢复理论是生物、教育、心理、社会一体的系统恢复新理论。因此，关于运动恢复的方法，我们应从生物性恢复、教育学恢复、心理恢复、社会性恢复四个有机结合的方面整体地论述，不能像过去一样，只关注训练与竞赛后身体的生物性恢复，忽视教育、心理、社会对运动员恢复的重要作用。

1.利用教育学手段进行加强恢复

教育学恢复是指在运动训练过程中，针对训练的目的与任务，合理安排训练内容、训练手段、运动负荷、恢复时间、恢复方式等，以促进恢复过程的方法。

教育学恢复措施在恢复问题上占中心位置，这种恢复措施是科学地安排训练，促使恢复工作。在安排计划时，教练员根据运动员的身体状况制订训练计划，合理地安排运动负荷，严格掌握每一项练习的强度和间歇时间。这样既有利于其疲劳恢复，又不会对训练质量产生影响。

注重多样化的训练手段，以避免单调训练产生的厌倦感和疲劳感，提高运动员对训练内容的兴趣，使运动员在训练中有新奇感。既有一定的负荷，又有简短的调整和休息恢复时间，从而促进运动员较好地完成训练任务。

大强度训练后，采用逐渐降低强度的身体整理练习，促使身体机能恢复到练习前的水平。在训练课中穿插一些轻松愉快、富有节奏性的练习促进恢复。据报道，目前一些体育强国，正在设法改变训练结构，诸如浓缩每次课的训练内容，加大训练强度，缩短一次课的训练时间，延长两次课之间的间歇时间，加强两次课之间的休息和身体恢复手段及措施，使运动员在头一次课中的疲劳能够基本上消除，为下次课的训练质量提供了保证。

2.利用心理学手段进行加强恢复

当今的田径运动，除了是体能与技术上的较量，还是一场心理大战。科学研究证明，运动员心理能量的消耗是机体消耗的4～5倍。解除心理方面引起的疲劳耗时要比消除躯体性疲劳的时间长，而且人体最容易产生疲劳的部位就是中枢神经系统。训练和比赛后，采用心理调整措施恢复工作能力，能够降低神经的紧张程度，减轻心理的压抑状态，加快消耗掉的神经能量的恢复速度，从而对加速身体其他器官系统的恢复产生重大的影响。

无论在训练还是在比赛过程中，心理能量对运动员体能的发挥都起到关键作用。有效的心理恢复能够让运动员了解并克服训练中的困难，提高运动员的抗干扰能力，帮助运动员专注于当前的训练比赛，消除运动员对往事的回忆和未来设想的干扰，即会消除“想赢怕输”的心理和恐惧心理，使完成的动作更准确，对内部和外部刺激的反应更快、更有力，继而取得最大工作能力和最佳训练效果。

3.利用生物学手段进行加强恢复

生物性恢复，主要是身体机能和体能上的恢复，目的是提高体内细胞代谢水平，为增强体能提供物质基础。

当前田径运动训练，要求运动员以最快速度、最大强度来完成训练任务。能量物质消耗快，肌肉、呼吸等身体器官很容易疲劳，因此，生物性恢复是必需的。生物性恢复的基础理论主要是超量恢复原理。运动后的恢复过程是储备能量、提高机能的过程。运动后，为了尽快恢复并超过原有水平，通过加强训练，取得优异成绩，应在生理上促使身体机能尽快地恢复，使运动员能在今后的训练、比赛中体力充沛，确保训练的质量。

目前，生物性恢复是应用最为广泛的恢复手段，主要采用医学、营养学等学科的方法手段来促进身体机能的恢复。在促进机体工作能力提高、防止因身体负荷产生各种不良后果的恢复措施中，医学恢复措施占有特殊的地位，营养是提高工作能力和加速体能恢复的主要因素之一，通过运动员的膳食补充所消耗的能量，需要注意各种营养素的合理搭配。

4.利用社会学手段进行加强恢复

社会性恢复是以信息为交换手段，通过改善运动员的社会关系、人际关系，优化学习、训练和生活环境等社会作用，促使运动员身心恢复的特殊恢复。通过社会性恢复，可以使运动员朝着有利于形成理想的竞技状态和提高综合素质的方向发展。

社会性恢复协调个体与群体，作为优秀的运动员，不能远离社会，甚至对抗社会，也不能让社会适应自己，这会给自身和社会均造成损失。社会性恢复在于理顺这种关系，使人体恢复需要趋向于社会需求，从而避免产生严重的社会心理紧张。不良社会环境和社会舆论会对运动员的身心健康和恢复造成了影响，甚至过早地结束运动生涯。在国内高水平运动队伍中，因为运动个体与教练、队员、管理人员的关系紧张和矛盾冲突，影响到了恢复速度，甚至导致离队的事件时有发生，这种教训不可忽视。

综上所述，完整的恢复过程理论应是生物、教育、心理、社会系统的理论体系。提高运动员运动成绩的重要手段之一是系统性恢复。大量的实践充分证明，解除心理或社会方面引起的疲劳需要的时间比缓解生理的疲劳需要的时间更长。因此，在恢复过程中，绝不可忽视心理恢复和社会恢复的积极作用。

四、提高运动恢复效果

实践证明，要成为田径场上优胜者的一个主要原因是，运动员具备良好的体能。而体能的好与差，要看营养补充的效果，恢复措施、恢复手段是否合理。但目前，普遍存在着忽视恢复和消除疲劳的问题，这个问题不解决，运动员运动成绩的提高就会受到很大的影响。因此，认真抓好训练中的恢复和消除疲劳工作，作为训练的一个重要组成部分十分重要。长期以来，不少专家大量研究了大运动量训练后的恢复问题。现实中的实质问题是有效地结合恢复措施与运动训练，从而达到提高竞技能力的目的。以前人对恢复手段的分析与要求为基础，重新认识运动恢复，对如何提高运动恢复效果，提出了以下的建议：

1.运动恢复具有系统性

运动恢复要从运动员的生理、心理、社会和教育多维角度实施，使运动员的身体、情绪、智力、精神和社会等方面均能全面恢复。如：保持高水平的体能、保持情绪的稳定状态、保持大脑的活跃状态、保持精神压力的适应状态，并具有和谐的人际关系和实现角色。

先前人们对恢复的认识偏重于生物学的研究。随着社会的进步，田径运动的发展，心理恢复、社会恢复等也成为运动恢复的重要组成部分，促使田径运动水平进一步提高，运动员个性全面发展。

2.运动恢复具有计划性

在田径运动训练的计划中，纳入全部运动恢复手段，并按照计划，合理执行，作为训练原则和手段，将运动恢复看成与运动训练同等重要。

做到这一方面主要方法是提高田径教练员对运动恢复过程的认识，将运动恢复作为运动训练的一个有机组成部分。在制订训练计划与实践过程中，应根据不同项目的专项特点，合理设计和采用各种恢复手段，这对保证训练质量和提高运动成绩有着不可忽视的作用。

3.运动恢复具有差异性

在制订训练计划、进行实践训练和比赛后采取恢复手段，应尽可能根据每个运动员的具体情况，如年龄、性别、项目特点、身体素质的差异、运动训练方式、负荷情况，以及运动员的身心个性特点和运动员自身的生理、心理调节功能等，实施合理的恢复手段。

4.运动恢复具有持续性

在运动员的运动训练和比赛的前、中、后，运动恢复手段应贯彻始终，这是运动员日常生活的全过程。在训练课后及训练的次与次或组与组的间歇期进行积极性休息，调节情绪，进而降低因运动引发的肌肉酸痛的程度，避免因训练内容枯燥乏产生的疲劳感，提高身心能量储备，从而达到健康训练和比赛的目的。

在运动恢复的研究上，主要针对运动训练后的运动恢复，强调运动训练后恢复的重要性，从而忽略了训练前、训练中运动恢复对运动员提高训练效果的重要性，因此，在以后的训练中，应重视运动恢复的持续性。

第三章 短 跑

第一节 短跑运动的起源和发展

根据记载，在公元前776年，希腊奥林匹克村举行了第一届古代奥林匹克运动会上，短跑已经是这届奥运会的比赛项目了。当时的跑步姿势比较怪异，上身过于前倾，大腿线上抬得很高，步幅较小，脚落地离重心较近，这就是“踏步式”跑法。此时，运动员采用站立式起跑，同时还要在脚后放置一块石头，以便跑动时借助蹬石之力加快起跑速度。1887年，开始采用“蹲踞式”起跑。1927年，起跑器诞生了，但直到1936年第十一届奥运会上才被正式采用。在这个阶段中，短跑技术有了很大的演变，由脚跟先着地改进为前脚掌着地，并形成了一种“摆动式”的跑法。正是短跑技术的改进对短跑成绩的迅速提高起到了推动作用。

1894年，第一个100米跑的世界纪录诞生了，成绩为11秒2。以后经过74年时间，在1968年创造了9秒9的世界纪录（电动计时的纪录是9秒95）。1900年的第二届奥运会上正式将200米跑列入比赛项目，当时的成绩为22秒2。到1968年，经过68年的努力，创造了19秒83的世界纪录（电动计时）。在1896年的第一届近代奥林匹克运动会上，400米跑的纪录是54秒2，到1968年，经过72年，400米跑的世界纪录（电动计时）已经达到43秒86。

女子参加短跑比赛的时间较晚，直到1928年第九届奥运会才正式被列为比赛项目，当时100米跑的纪录为12秒2。经过49年的努力，到1977年，女子100米跑的世界纪录（电动计时）已经提高到10秒88。女子200米比赛是在1948年第十四届奥运会才正式开始的，经过了30年，到1978年时，该项目的成绩（电动计时）已经提高到目前的22秒06。由于短跑技术水平的不断提高，也大大刺激了其他田径运动项目的发展。

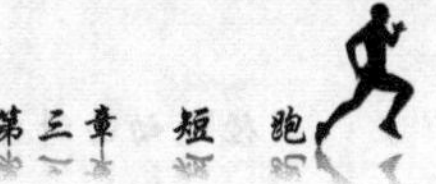

1936年，第十一届奥运会在美国举行，中国派出了代表刘长春参加。由于28天的海浪颠簸，刘长春的体力消耗较大，而且没有很好的恢复，因而未能取得好的成绩。

自从1958年“八一”田径队短跑运动员以10秒6的成绩打破了保持25年之久的10秒7的旧纪录之后，中国男子短跑成绩有了大幅度的提高。短短几年内，四川选手又以10秒整的优异成绩（手记时）平了当时的100米世界纪录，这在当时的世界体坛引起了极大的轰动，给祖国争得了荣誉。目前，100米跑的世界纪录是9秒58（博尔特），全国纪录为10秒00（张培萌）。

短跑比赛需要运动员用最快的速度完成相应的距离，设有100米、200米、400米等多个比赛项目，少年组还设立了60米项目。短跑是极限强度的运动，需要人体的组织和器官在大量缺氧下完成高强度的动作，只有有效地发展速度素质，才能在短跑比赛中占有一席之地。因此，短跑不仅是田径运动的基础项目，也在其他运动项目的训练中占有重要的地位。

第二节　短跑速度的分类和影响

速度是指人体在遵循运动生理学、逻辑学等基本原则上能够进行快速运动的能力。以田径运动速度表现运动学的特性，可以将短跑速度分为反应速度、动作速度、位移速度等。

一、反应速度

反应速度是指人体对各种外界信号刺激的快速应答能力，可分为简单反应速度和复杂反应速度。简单反应速度是指人体对机体感觉所产生动作反应的时间快慢。复杂反应速度是指人体对机体感受产生反应，同时经过中枢神经进行分析判断，最后产生动作反应的时间快慢。在短跑运动中，一般形成的反应速度为简单反应速度。

有很多因素可以影响到人体的反应速度，如感受器的敏感程度、中枢神经系统的机能、肌纤维的兴奋性等。集体的感受器越敏感，对信号的刺激反应越快，产生的反应时间就越短。注意力的集中程度和指向、感受器的疲劳程度等，都会对感受器的敏感程度产生一定程度的影响。神经中枢对外界信号刺激的传导和反应时间同中枢神经系统的兴奋性以及条件反射建立的巩固程度密切相关。另外肌肉的紧张程度、疲劳程度等都会对反应速度产生一定的影响。

二、动作速度

动作速度是指人体能够快速完成某些动作的能力。通过剖析，动作速度可以分为两种，分别是单个动作速度和整体动作速度。单个动作速度是指一个人的肢体在做出每个动作时的速度快慢；整体动作速度则是指多个肢体动作相互配合所表现出局部整体动作的快慢程度。动作速度的快慢受到神经系统、肌肉系统、能量储备等一系列情况的影响。

神经活动的灵活性对动作速度的快慢产生了一定的影响。神经活动过程的灵活性是指运动神经中枢兴奋与抑制之间存在快速转换能力，神经与肌肉之间存在协调能力。动作速度会由于肌纤维的类型和肌肉的用力协调性而受到影响。由于每个人的情况不同，且在锻炼、饮食、生活环境等方面均存在一定的差别，这导致不同的人体内快、慢肌肉纤维所占的比例不同。这些不同的比例，先天上受到遗传因素的影响，后天又不能相互转化，需要通过中间型肌纤维进行功能上的代偿。肌肉中能量的储备、分解以及合成对人体的动作速度均产生了影响。人体运动需要能量的供给，肌肉中所含的能量的多少影响到了速度，同时也与神经冲动传入肌肉时能量的分解速度有关。

三、位移速度

人体在单位时间内做出移动的能力，被称为位移速度。位移速度可分

为加速度、绝对速度和速度耐力。加速度是指人体在最短时间从静止加速到最高速度；绝对速度是指人体在奔跑当中能够达到的最大速度。绝对速度是评价一个运动员加速度和速度耐力的前提，对短跑的成绩起到了决定性的作用；速度耐力是指人体在跑动中能长时间保证速度的能力。

第三节 短跑运动的速度训练

由于短跑的距离较短，比拼的是速度，所以是一项以无氧供能方式为主的速度、力量、爆发力和灵活性的集中体现。在短跑项目中，速度起主导作用，速度由步长和频率两个因素决定。速度素质训练是要让反应速度、动作速度和位移速度得到相应的提高。发展速度主要是发展肌肉力量，提高肌肉收缩速率，强大的爆发力，较高的绝对速度和速度耐力，良好的协调性和灵敏性，合理的跑的技术是必备条件，其技术要求可概括为四个方面：动作轻松、步幅要大、步频要快、身体保持平稳跑及直线性强。

对于短跑，需要训练的专项能力为快速起跑、起跑后加速、控制和保持高速跑的节奏以及冲刺的能力。只有在认识了短跑项目的特征，把握住短跑专项训练的内在规律，对短跑训练的方法和手段进行进一步的探究，方能让学生进一步提高短跑项目的成绩。短跑是由起跑、起跑后的加速跑、途中跑、弯道跑、终点跑五部分组成，其中途中跑技术是训练的重点，而起跑后的加速跑是训练的难点。

一、起跑

短跑的起跑技术包括起跑器安装、起跑节奏的控制以及起跑反应能力的训练。

起跑器有三种安装方法，分别是接近式、拉长式和普通式。接近式：前起跑器距起跑线一脚长，后起跑器距前起跑器一脚长，起跑器的支撑面与地面的夹角和两起跑器左右间隔与普通式基本相同。拉长式：前起跑器距起跑线两脚长，后起跑器距前起跑器一脚长，起跑器的支撑面与地面的夹角和两起跑器左右间隔与普通式基本相同。普通式：前起跑器距起跑线一脚半长，后起跑器距前起跑器一脚半长。前后起跑器的支撑面与地面夹角分别成40°～45°和70°～80°，两种起跑器的中轴线间隔为15～20厘米。每个运动员的个人身高、体重、身体素质、技术水平等都是不同的，所以在使用和安装起跑器时，也要根据具体的情况来进行选择，只有最合适的才能让个人的能力得到最大的发挥。但无论采用哪一种形式，都要符合一个原则：在蹬离起跑器时能充分发挥肌肉的最大力量，从而获得向前的最大初速度，以有利于起跑后身体有较大的前倾角度。

在练习起跑节奏时，应形成自然、放松、蓄势待发的正确技术。但发令员发出“各就位”的口令后，运动员要放松自己的身体和精神，将起跑器调节好，将有力的脚全脚掌都放在靠后的后蹬器上，利于起跑发力，另一只脚放在另一个后蹬器上，前脚掌着起跑器。形成左、右手，左、右脚，力量稍微薄弱腿的膝盖共五点着地，动作自然放松。“预备”口令下达后，运动员身体前倾，两臂自然下垂，身体重心低并稍前移，臀部高于肩部。

起跑反应能力训练是做多种信号（声音、视觉、触觉）的快速起跑反应，通过进行站立式、半蹲踞式起跑，最后过渡到蹲踞式起跑训练等。

二、加速度跑

加速度跑在起跑后就开始了，一直达到最高速度为止。这个过程是要在最短的时间内让自己的速度最大化。这期间，身体角度要低，脚跟提起时要低，颈骨角度要低，脚退回地面、接触地面的时间要长等，这样才能产生相应的反作用力。技术要求是身体逐渐抬起，步长与步频逐渐加大加快，两脚的轨迹线逐渐合并为一条直线。

常见的加速跑训练方法如下：

1.快速高抬腿跑：这种训练方法可以提高爆发力，同时还能加快步频；

2.快频跑楼梯：通过富有弹性的快速跑楼梯，让自己奔跑的步频逐步加快；

3. 30 ~ 60米计时跑：训练动作速度，体会侧蹬和避免过早抬头、抬体，体会膝关节为“小发动机”的肌肉用力感觉。

4. 侧蹬训练：类似于短道速滑的侧蹬，枪声响后上体不要过早抬起。

注意：以上训练，要做到适量安排，不可超出自身负荷，否则就会成了练习耐力的训练，失去了训练速度的初衷。

三、途中跑

途中跑技术是短跑技术的重点，这种训练是围绕如何提高最大步长和步频，保持高速跑动能力而进行的。步长和步频是短跑技术的核心，是构成跑速的主要因素，同时也是运动员技术特点、身体素质水平、神经类型与身体形态特征等的综合体现。要想让跑速得到提升，就需要协调步长和步频。同时提高这二者是最为理想的状态，但这在实践中是比较难以做到的。在短跑训练实践中，一定要掌握运动员的特点，有针对性地发展步长或步频，坚持在保持适宜步频的基础上，重点突出发展步长能力。从跑的技术原理分析，步长能力的大小主要决定于跑时的后蹬力量、后蹬角度、摆动力量、摆动速度，以及髋关节的灵活性等。在训练中，要与短跑的技术特点相结合，着重发展大腿伸肌、屈肌的力量和髋关节的灵活性，采用的练习方式有负重换腿跳、负重大步走、负重跑、负重跳台阶、跑台阶、大幅度的跨步跳（要求摆动腿积极下压和小腿由前向下向后积极着地）、蛙跳、单足跳等，从而提高跑时的后蹬能力。此外，还可采取高抬腿跑、匀速放大步跑、顺风跑、下坡跑、拉橡皮条高抬腿“车轮跑”、收腹跳等训练方式，提高摆动幅度，加快摆动速度，加强髋关节的灵活性和肌肉的伸展性训练，从而提高步长能力。对于步频能力的训练，侧重点是提高肌肉的快速收缩速度，加强对神经系统的兴奋与抑制过程的灵活性训练，加强肌肉快速收缩力量与提高肌肉的放松能力。

为了加强肌肉快速收缩力量，在训练时可以采用以下练习：高速、大幅度摆动腿前后摆动练习，要求在快速摆动中完成合理的折叠技术，摆动腿时大小腿折叠得越紧，半径越小，摆速越快；加快脚掌着地速度练习，要求尽可能地缩短腾空时间；快速摆臂、摆腿练习，要求腿、臂动作协调进行。

四、弯道跑

弯道跑的起跑、加速跑动作和直道起跑、加速跑是相同的。在安装起跑器时，要在跑道右侧正对弯道切点的位置上。当听到“各就各位”的指令时，左手应撑在距起跑线后沿5～10厘米处。

弯道途中跑技术：当进入弯道后，为了克服离心力，需要将整个身体向内倾斜；摆动腿前摆时，左膝稍向外展，以前脚掌外侧着地，右膝稍向内扣，以脚掌内侧着地，同时，并加大右腿前摆的幅度；摆臂时，左臂摆动幅度稍小，靠近体侧前后摆动；右臂摆动的幅度和力量稍大，且前摆时稍向左前方，后摆时肘关节稍向外。

五、终点冲刺跑

终点跑是全程跑的最后阶段，也是最重要的一段。这段跑要尽可能在疲劳状态下保持途中跑的技术，以最快的速度跑过终点。技术上要求上体适当前倾，并注意加强后蹬和两臂的用力摆动。

第四节　短跑运动专项力量属性分析

一、短跑运动专项力量的属性

属性是对象的性质和对象之间关系的统称。对象的属性不同，分类也不同，可分为特有属性和共有属性等。对象的特有属性是指某一类对象专有，

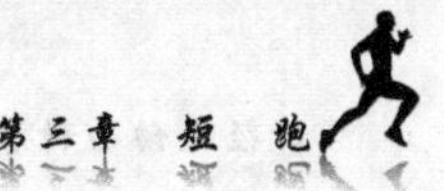

而其他类对象所不具备的属性。人们在对事物进行区别和认识时，就是通过对象的特有属性将事物进行分类。

在运动训练实践中，根据力量在训练实践中的作用及需要，一般将力量分为最大力量、快速力量（爆发力）、力量耐力。而短跑属于速度力量性项目，其力量属于快速力量。在传统的体育理论中，一般将骨骼肌的收缩形式分为等长收缩、离心收缩和向心收缩三种类型。但短跑运动员在高速跑进时，技术动作都是以速度力量为主，肌肉收缩很少以某一单独的肌肉收缩形式出现，各关节周围的肌肉很大部分是以先做离心收缩，继而做向心收缩的形式进行工作的。

肌肉在由离心式拉长到向心式收缩时，通过肌肉中存储和再释放弹性能量，同时通过神经反射性调节将力量爆发出来，这就是反应力量。反应力量也被称为超等长力量，是神经肌肉系统先在极短的时间内进行离心收缩，紧接着迅速转为向心收缩的整个过程中，发挥出的快速力量能力。这种力量多运用于速度力量性运动项目中的关键技术环节，也会对运动成绩产生决定性作用。快速力量是神经肌肉系统以最快的速度发挥最大力量的能力，或者说是在最短时间内（通常在毫秒左右），能够发挥肌肉最大力量的能力，它有三种特殊形式，即爆发力、弹跳力和启动力。弹跳力和爆发力都是肌肉在拉长后，以高速反向收缩的动作过程，但弹跳力在离心与向心转换瞬间有个触地的动作过程，这个更适合跳高运动员，短跑运动员更需要的专项力量是爆发力。

二、对快速反应力量的解析

拉长收缩训练能够让肌肉在最短时间内产生最大力量的活动力量。这种训练利用预拉长肌肉或先反向运动而实现快速、有力的运动效果。通过让肌肉和筋腱的弹性和拉伸反射，使后续的运动更加有力，爆发性更强，输出功率更大。这个拉长收缩训练包含了拉长缩短周期，收缩形式为离心—向心复合收缩或超等长收缩，这种收缩所产生的力量就是快速反应力量。

从力学角度研究分析，在整个牵拉过程中，肌肉的弹性能量会因为快速牵拉而增高，并存储起来；当离心工作结束转向向心收缩时，释放出储存起来的弹性能量，增加向心收缩的力量。从生理学角度分析，进行拉长收缩训练，利用对肌肉的牵拉反射，增强向心力。在肌肉被快速牵拉的过程中，肌梭受到快速牵拉的刺激，引起反射性肌肉活动，而这种反射性活动增加了主动肌的收缩作用，从而增加了肌肉产生的力。如果肌肉离心活动后，没有发生向心收缩，或拉长时间太长，或运动幅度过大，都不会产生拉伸力量的增效。在拉长收缩练习中，只有让肌腱被拉长的速度越快，才能牵引更多肌肉参与活动，导致能够向心收缩的肌肉活动更为强烈。

反应力量主要在关键技术环节产生，所以在反映力量的训练中，一定要注意专项技术的训练。在短跑运动员的训练实践中，要根据专项技术特点对反应力量进行有针对性的训练，加快反应力量同专项技术的契合，这样才能够获得适宜于短跑专项竞技能力，提高专项运动成绩的快速反应力量素质。

三、短跑运动专项力量训练手段

对于一个优秀的短跑运动员来说，在整个训练过程中，专项力量训练有着非常重要的位置，合理安排专项力量训练将会让整个教学训练的效果得到更大提升。在专项力量训练阶段，应采用具有高训练效果的练习和更接近于比赛条件的专项肌肉用力练习。短跑比赛项目对肌肉的收缩速度要求非常高，对力量的要求是爆发式的，因此需要对爆发力量进行严格训练。从运动生理角度分析，专项力量训练主要是提高神经系统募集快肌纤维能力和协调肌肉活动的能力，动员肌肉中更多的快肌纤维参与收缩，并且减弱对抗肌的活动，达到加快肌肉收缩速度的目的。

短跑专项力量是与提高短跑专项技术和发展短跑专项能力密切相关的力量素质。从理论上讲，在训练中必须尽量符合以下原则：与专项技术动作的结构特点极其相似，与专项技术动作的发力特点极其相似，与专项运动的供能特点极其相似。现代力量训练的发展趋势是专项力量对运动成绩有的关键影响作用，将专项力量作为训练的重点。因此，训练实践中短跑力量训练要把握好下面的训练要点：专项技术动作的结构特点、发力特点以及专项运动的供能特点应具有相似性；力量训练手段的设计与选择要符合能量区，才能让训练产生效果；发挥最大力量的技术要与其承受超极限负荷具有相似性。由此可见，短跑的专项力量训练要在动作结构、肌肉发力、供能、负荷上符合专项技术的特点，形成以专项为核心的力量素质系统，让力量训练的效果达到形态和功能上的统一。只有有效的结合力量训练与专项动作，才能使得力量训练效果更多地转移到专项能力的提高上，也就会产生更好的转移效果，以及关联度更高的专项成绩。符合动作技术结构的专项力量训练，将会让肌肉的发力特点逐渐形成正确的肌肉动力定型，这对强化神经系统的反射活动起到了明显的效果，形成技术定型。短跑运动员的专项力量训练是一个十分关键的问题，通过多样化的专项力量训练，选择并设计符合现代短跑技术的训练手段，让运动员的力量训练效果得到最大化。因此，只有符合专项动作特点的力量训练手段才会使运动员的专项能力和专项成绩得到提高。

四、力量训练手段的效果

运动员专项力量训练时，紧密结合训练手段与专项技术，发挥出人体最大的力量能力，获得专项所需要的最佳力量效果。力量训练能否取得良好的效果，取决于训练方法手段与负荷的有机结合。科学的力量训练，合理选择训练方法手段和训练负荷，这二者相互依存，合二为一，给运动员专项力量训练带来极好的效果。力量训练手段只是载体，如果没有训练的手段，将无法实施负荷；若只有手段而没有负荷，也无法对运动员的机体进行相应的训练刺激，进而导致力量素质不能得到有效的提升，手段也变得毫无意义。在力量训练中，运动员承受了一定的运动负荷后，必然会产生相应的训练效应。在负荷保持在一定范围条件下，负荷的量度越大，对运动员机体的刺激越大，所引起的应激也越强烈，机体产生的相应变化也越明显，人体竞技能力的提高也会越快。因此，在专项力量训练中，一定要给足训练刺激，从而提高运动员的专项训练效果。对于短跑专项力量训练，只有能够对运动员机体产生足够深的刺激，才能让应激反应越发强烈，运动员专项力量素质的提升效果也会越明显。

在现阶段，需要通过肌电技术评价专项力量训练手段是否满足专项技术的需要。肌电反映的是神经肌肉系统活动时的生物电信号，与肌肉的活动状态和功能状态之间存在着不同程度的关联性，在一定程度上反映出了神经肌肉的活动，进而给专项力量训练提供重要的理论依据。同时，在运动过程中，参与技术动作完成的肌肉或肌群，其产生的肌肉积分肌电值反映出参与完成技术动作的程度，也能反映出外部负荷对机体产生的刺激深度和机体的应激强度。因此，在训练实践中，我们可以利用肌电对专项力量训练手段分析训练的效果，从而为教学和训练提供理论基础。

第五节　短跑运动爆发力的训练研究

所有的比赛项目都离不开力量训练，特别是田径短跑比赛项目，爆发力的训练是力量训练中的重点。只有当运动员具备了良好的爆发力素质，才能以更快的速度产生运动所需要的巨大能量，从而在比赛当中取得优异的成绩。因此，我们在日常的运动训练与教学中，就应当不断地寻找发展爆发力的各种有效手段。

一、短跑爆发力的三大要素

1.增强肌肉的收缩力量

想要发展爆发力，首先要增强肌肉的力量。在力量训练中，通过相应的方法增强肌肉的负荷，刺激肌肉组织发生生理变化，提升肌肉的绝对力量。肌肉力量的提升不是能够轻松完成的，需要对肌肉施加很大的刺激才能形成发展。这种刺激主要体现在力量训练时的负荷和重复次数上。一般采用负荷大、次数少、组数多的方法，从而对肌肉收缩力量的提高造成影响。负荷大是指肌肉受到的力量应该在运动员最大力量的70%以上，次数少是指每组练习重复次数在10次以下，组数多是指每一次练习在6~8组左右。这样训练的强度很高，运动员的机体很容易进入疲劳状态，需要足够的恢复时间。当机体逐渐适应了这种训练时，力量就会得到提升，再适当增加负荷，肌肉就会一直在刺激—适应—加大刺激–再适应的变化过程。

另外，进行训练的过程中一定要严格控制速度，不可以过快，以免对肌肉产生伤害。肌肉纤维受到刺激的强弱是肌肉收缩力提高的必要条件，只有让肌肉缓慢受力，肌纤维才能受到较强的刺激，这对提升肌肉收缩力量非常有必要。慢速重复动作并不会影响专项技术动作的用力速度，运动员完成技术动作时，用力速度与力量训练时重复动作的速度几乎没有明显的关系。运动员完成专项技术动作的快慢主要决定因素是肌肉和神经的遗传；其次，完成技术动作时条件反射的熟练程度和运动技术的自动化，这依赖于技术动作的训练质量。

2.加长用力距离

提高专项技术动作的爆发力，还可以通过加大动作幅度增加用力距离来提升。为了加大动作幅度，就要进行柔韧性练习。通过各种伸展性练习伸展关节和肌肉的柔韧性，柔韧性练习必须密切联系专项技术动作。例如，径赛运动员的柔韧性练习应该主要针对膝关节、踝关节及下肢肌群的发展，以提升步幅；投掷运动员的柔韧性练习是针对肩关节和躯干肌群的发展，提升用力距离，加快器械的出手速度。

当然，用力距离的加长并不是越长越好。主要原因是：（1）不能因用力距离加长而过多延长用力时间。如田径跳跃比赛项目中，起跳前应适当降低重心，也就是起跳时腿做下蹲动作，一方面可以拉长下肢蹬伸肌群，让肌肉在收缩前得到最大拉伸，提升肌肉的收缩能量；另一方面也增加重心移动的距离，提升起跳效果。但并不是蹲得越深越好，因为下蹲会让起跳动作变慢，同时也容易导致起跳所需力量超出腿部的力量，这会大大降低起跳效果。（2）必须与专项技术动作结构相一致。如三级跳远比赛项目中，起跳应尽量减少水平速度耗损，同时还要有必要的垂直速度，因此重心下降幅度要尽可能小一些；但跳高比赛项目中，所需要的是增加垂直速度，水平速度则并不十分严格，因此重心下降幅度需要大些。

3.缩短用力时间

人体肌纤维分为两种类型，分别是能快速收缩的白肌纤维和能慢速收缩的红肌纤维。肌纤维的这种分类方式是遗传因素决定的，但目前并不能证明训练能改变肌纤维的类型。此外，肌肉收缩的速度还与中枢神经系统的支配功能有密切关系。对此，可以采用一些快频率的练习手段，如下坡跑、加速跑、小步跑等来提高大脑皮层中运动中枢兴奋与抑制的转换能力，改善神经系统的灵活性和对肌肉活动的调节能力，从而提高肌肉的收缩速度。此外，还可采用一些发展肌肉快速收缩能力的中、轻重量力量练习。这些练习要求肌肉收缩既要有力，又要迅速，所以负荷不能太大。一般采用本人所能承受最大力量的40%～70%，重复次数在七次以下。

二、发展短跑爆发力的训练方法

1.超等长训练

超等长训练方法具有肌肉离心收缩后立即向心收缩的特征，会对神经系统形成刺激，形成包括离心和向心两种强烈刺激的复合神经冲动。采用这种方法所获得的神经—肌肉反应机制，可以大大超过只靠随意用力所能达到的水平，从而对提高动作速度和动作开始阶段的功率有所帮助。从超等长的练习形式上看，如负重蹲跳、接抛实心球等，都是以将身体推离地面或将器械抛出为特征的。要想达到目的就必须在整个动作过程中作加速运动，在结束阶段达到最大加速度，从而获得较大的功率输出，即是最大的爆发力。由于超等长训练本身具有时间的要求，也就是它具有短时间发挥大力量的特征，所以它是发展运动员爆发力较为理想的手段之一。

2.快速的小力量训练

快速的小力量训练方法可以通过加快刺激神经系统的信号频率支配肌肉神经运动单位的运动频率，是发展运动员速度力量的最好练习方法之一。肌肉协调和运动单位的快速收缩是改变速度力量的大小，而且还和动作的掌握程度有关。快速小重量力量训练的意义在于能够提高爆发力因素中的速度因素，提高肌肉之间的协调性，刺激肌肉运动单位的收缩速度，从而达到缩短发挥最大力量时间的目的。如摆腿下压的摆动力量训练中，特别是以髋为轴的摆动力量训练，是现代短跑运动员专项力量训练的核心部分。参与摆腿下压动作的肌群有屈髋肌和伸髋肌两个。训练下压动作的方法是通过抗阻的快速摆腿，即双手扶在肋木上，绑一条胶带在踝关节上，原地做摆腿的动作。做这个动作时要快速下压，这样才可以练出爆发性。或者将胶带改为沙包绑在小腿上，采用这样的负荷训练方法，最大力量和对抗这种负荷的肌肉收缩能力才能得到提高，才会有利于改善爆发力，达到伸髋快下落的目的。

3.大重量力量训练

大重量力量训练方式能够强烈地刺激神经系统，激活并增强肌肉运动单位的数量，使肌肉产生较大程度的收缩力量。这种训练方法的目的是发展运动员的最大力量，只有让参加工作的肌肉运动单位越多、发挥的力量越大，对神经系统的刺激就会越明显，从而反过来作用在肌肉上，使得肌肉的力量得到爆发。大重量力量训练能够提高爆发力中的力量因素，使爆发力肌肉在最短的时间内发挥最大力量，所以没有最大力量就不能发挥爆发力。只有积累足够的力量，才会提高爆发力所需要的运动速度。

4.综合循环训练

爆发力训练不是典型的力量训练形式，即速度在运动最后阶段等于零的练习，也不是单一的超等长练习。超等长训练的强度比较高，没有良好的力量素质保证，是不能很好地进行训练的。正确发展爆发力的训练，应是大力量练习到快速力量练习，最后适宜负荷的超等长力量练习的循环过程，也是传统力量练习和超等长练习的完美结合。在爆发力训练中合理的结合超等长练习和杠铃力量练习，即可以理解为在同一方向采用不同的训练内容的综合练习。

5.末关节爆发性训练

在短跑训练中，末关节爆发性训练是一个重点。参与训练的用力肌群主要拇指屈肌，末关节爆发性训练方法有拖轮胎、跨步跑、后蹬跑、负重直腿快速斜蹬伸踝等。这个训练方法是练习脚趾离地一瞬间的爆发力。运动员在练习时，一定要注意前脚掌积极下压，在离开地面瞬间，末关节要充分点地，快速拔起。在末关节迅速离地的一瞬间，肌肉收缩程度达最大，此时功率最大，身体快速集中用力能力、爆发性用力能力也最大。

第四章　中长跑

第一节　中长跑的发展

中长跑源于古代人类的生产生活，是人们在长期的实践过程中逐渐产生的。中长跑是一项耐力性项目，属于周期性运动，是在比较长的时间内，不断重复跑步动作的每个步骤。因为需要不断重复动作，而且时间较长，所以需要人们具有长久的耐力。

现代中长跑最早在英国兴起。在18世纪初，英国的一些穷人为了挣钱糊口，经常在一些重大节日里为观众表演赛跑。到了19世纪中期，中长跑才得到广泛开展，19世纪末期出现了首批公认的世界最佳成绩。1896年，在希腊雅典举办的第一届现代奥运会上，首次设立了男子800米跑和1500米跑为比赛项目。1896年开展的夏季奥运会，女性被禁止参加，作为抗议，一位名叫斯坦玛塔·拉维瑟的希腊女子在男子马拉松比赛结束的第二天沿相同的路线跑完了全程。1912年，第五届现代奥运会设立了男子5000米跑和10000米跑的比赛。在1896年第一届奥运会上，举行了从马拉松跑到雅典的比赛，在1920年又精确地测量了这段距离为42195米，以后就把这个距离作为正式马拉松跑的距离，并列入历届奥运会比赛项目。

女子中长跑运动发展相对较迟，在1928年荷兰阿姆斯特丹举行的第九届现代奥运会上，首次设女子800米跑为竞赛项目。但由于许多运动员在比赛的最后冲刺阶段出现体力不支，导致很多人认为女子不适合参加800米跑，这造成800米跑被取消，直到1960年罗马奥运会才得以恢复。女子1500米跑是在1972年德国慕尼黑举办的奥运会上被设为比赛项目。1975年，国际田联罗马会议上决定从当年的5月开始承认女子3000米世界纪录，而女子5000米跑虽在世界各国广泛开展，但一直未被列为世界大赛的正式比赛项目，直到1994

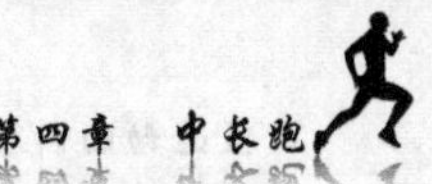

年，国际田联才以女子5000米跑取代3000米跑。女子10000米跑是在1983年才被列为正式比赛项目。女子马拉松跑比赛在20世纪20年代就已经出现了，但当时人们误认为参加马拉松跑会影响女子的正常生育，就取消了女子马拉松跑的比赛。直到60年代，科学证明参加马拉松跑并不会给女子身体带来伤害，女子马拉松跑运动再一次登上了世界体育竞技的大舞台。

第二节 中长跑训练趋势

进入20世纪90年代，中长跑训练逐渐形成了比较完善的科学化训练过程，与80年代前相比，有了突破性的进展。在中长跑成绩不断提高、长跑战术应用及赛制等因素的影响下，中长跑竞赛中运动员之间的竞争越来越激烈。竞争的不断加剧，对中长跑的训练提出了新的要求。虽然科学技术在不断发展，不断出现新的训练方法和技术，在中长跑项目特征方面，人们的认识不断加深。关于人体结构，也在不断有新发现产生，这些都可能会让中长跑中产生新的纪录，但最根本的就是，运动员在训练和比赛中完成这一光荣而又伟大的使命，实现的途径都是通过提高速度和运动单位时间内能量的输出功率，从这方面来看，新技术和新方法的实行应该围绕这一核心来进行。因此说，中长跑的发展史就是不断提高运动员的速度和能量输出功率的过程。

一、训练个体化

运动员的竞技能力并不完全相同，构成个体竞技能力的因素也不均衡，这种不均衡状态是普遍存在的。这就要求运动员在中长跑训练实践中，不要只根据运动项目的特性进行训练安排，还要有属于自己的独特训练方式，这是根据自身因素制订的。虽然进行训练的目的是提升综合能力和专项成绩，但这目的的实现存在一定的困难性，而且个体差异性也并不会被轻易改变。在训练实践中，虽然项目相同，训练目标也是一样，但是由于运动员存在个体差异性，如有的运动员速度素质极好，有的运动员速度素质差而耐力素质好等，该情况下，运动员的训练内容就不能是相同的。此外，训练上，要根据个人的特点进行安排，否则会因为无差别训练而造成一类成功另一类失败的后果。因此，在中长跑训练中，要根据运动员的具体情况、具体的项目特征制订相关训练计划，从而让锻炼方式更具科学性和有效性。

二、重视力量训练

决定中长跑运动成绩的主要因素是速度力量、速度和速度耐力。其中，速度耐力是基础，速度是核心，速度力量和耐力力量是保证。我国学者认为，中长跑运动员的速度力量训练应该发展速度力量、相对力量、力量耐力，不应该发展单纯的力量和绝对力量。有研究表明，训练能够引起特异性的适应，从而提高运动能力，力量训练的特异性存在不同水平，对抗重力练习应该是最主要的训练目标，因为运动过程中，重力是无法摆脱的阻力。可见，在现代中长跑训练中，教练员要重视克服重力的快速力量训练。为了提高运动员克服重力的快速力量训练的效果，可以尝试增加训练难度，如上坡、爬山以及负重练习。有研究表明，负重训练有助于提升中长跑成绩，但重量并不是越重越好，运动员进行3%的负重重量训练，能显著提高800米跑成绩。由此可见，加强运动员速度力量的训练，对于提高运动员的中长跑成绩具有非常重要的意义。由于绝对速度和速度耐力已经逐渐成为现代中长跑运动员制胜的核心因素，而发展运动员的最大力量对于提高其速度及速度耐力具有显著性成效，因此，中长跑教练要对合理加大运动员最大力量训练的比重给予足够的重视。

三、增加训练强度

现代竞技体育的竞争日益激烈化，竞赛也越发密集化，这些都对运动训练提出了更高的要求。传统以大运动量为主导的大负荷训练已经不能满足现代竞技体育的发展需求，探究合理的、以大强度为主导的大负荷训练，将成为现代运动训练的发展趋势。现代运动训练不断科学化，同时也被广泛普及，经过实施开展，落后地区运动员的成绩也有了长足的进步。比赛中，运动员之间的水平差距会变得越来越小，如果想要取得胜利，就要能够经受住体能、心理、技能、智能等方面的巨大考验。这就要求运动员在平时的训练中必须从实战出发，加大训练强度。随着训练时间的逐渐增多，运动总量基本上达到了饱和，在运动量难以继续提高的情况下，只有不断加大运动的强度，才能有效提高总负荷量，进而提高运动员的竞技能力。

四、确立有氧训练地位

有氧训练是所有运动的基础，脱离了有氧供能方式的运动是不存在的。在体育竞技高速发展的今天，随着经济的繁荣昌盛，体育也越来越经济化，各类赛事越来越多。运动员每年需要参加的比赛次数大大增加，同时，竞赛日程变得密集，缩短了赛次之间的时间，导致运动员自身调整和恢复的时间也被缩短。研究表明，良好的有氧能力是快速合成磷酸肌酸的保障，也是运动后各器官和系统机能快速恢复的基础。由此可见，无论什么运动项目，都要在训练实践中安排合理的有氧训练。

中长跑包含多个项目，对各个项目来说，有氧训练的重要性是不一样的。对800米跑而言，有氧训练的依赖性最低，而马拉松跑对有氧训练的依赖性最高。但中长跑的核心一直都是有氧训练，这是毋庸置疑的，具有阶段性特征。例如，在中长跑的初级训练阶段时，都是以有氧训练为核心而实施的。

在长跑比赛中，良好的有氧耐力水平，是运动员最后冲刺前能够持续保持高速前进的保障，若运动员的有氧耐力水平较差，在最后冲刺的时候已经被其他对手远超，那么再好的冲刺能力也失去意义。另外，若运动员的有氧耐力水平较差，虽然一直紧跟前面的对手，但在冲刺阶段体能严重不足，那么平时训练获得的良好的速度及速度耐力就不能正常发挥出来。由此可见，有氧训练在中长跑中具有非常重要的地位，它既是运动员获胜的保障，也是运动员获得优异成绩的核心基础。

五、赛练结合

竞技体育不断发展，受经济等各种因素的影响，现代体育竞技逐渐出现密集化。具体表现为各类赛事不断增多，这增加了运动员在一年中参赛的频率，中长跑运动员的参赛频率是逐渐加大。现在竞赛的密集化对运动训练提出了新的要求，而单纯运用大周期和双周期训练理论来指导训练实践，已经不能满足竞赛的需要。此外，有研究表明，我国许多优秀运动员的训练成绩都已达到世界顶尖水平，但往往在世界大赛中发挥失常，该情况的出现多是因为缺少大赛经验、缺乏胆识以及教练员大赛经验不足而指挥失误所造成的。由此可见，适当采用比赛的形式代替训练是非常有必要的。在训练中适当安排运动员参加比赛，可以增加运动员的大赛经验，还可以通过比赛发现问题，并在随后的训练中解决这些问题。赛练结合的方式改变了传统的周期训练理念，大大增强了训练的强度，对教练员临场指挥能力的要求也提高了，同时还提升了运动员的胆识，增加了参赛经验，促进了心理稳定，为运动员在大赛中取得优异成绩打下坚实基础。

第三节　中长跑耐力训练

在中长跑项目中，如800米、1500米、3000米障碍、5000米，对耐力有着极大的需求，而耐力在很大程度上是由糖酵解供能所决定的。换句话讲，中长跑项目的专项耐力是以糖酵解即速度耐力为特征。专项的距离越短，无氧代谢及混合代谢训练的比重就越大，对运动员耐乳酸能力的要求就越高。因此，如何有效提高中长跑运动员的有氧代谢、无氧代谢及混合代谢的能力，是专项耐力训练能否取得最佳效果的关键。

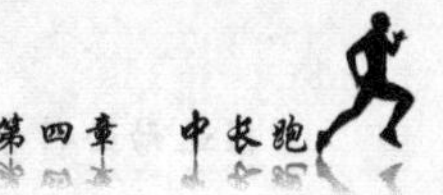

一、发展有氧代谢能力是中长跑专项耐力的基础

有氧代谢能力又称一般耐力，它在中长跑项目上占有重要地位，是提高专项耐力和专项成绩不可或缺的重要基础。

发展有氧代谢能力，首先要提高最大吸氧量，最有效的方法是持续负荷法。这种方法的主要特点是运动员不间断地长时间连续训练，时间不少于30分钟，可匀速也可变速，训练水平较高的运动员负荷时间可延长到40～120分钟。在训练实践中发现，每位运动员都有一个与其训练水平相适应，并随着运动能力的提高而变化的负荷范围，其中负荷的强度要与每个人的竞技水平相一致，避免强度过高或过低影响训练效果。持续负荷的强度，如果以心率来衡量，应控制在140～160次/分以内。在这个水平上，心率可增加心输出量，最大吸氧量可达80%左右，并产生心脏容积增大的效应。若以跑速来衡量，应以无氧阈左右区域的跑速进行不间断的持续跑。在训练现场直接测定血乳酸是确定运动员无氧阈的最好办法，并以此很容易找到与无氧阈相对应的跑速。不同地形的越野跑、场地长时间不间断跑以及长时间的球类活动、游泳、滑雪、爬山、骑自行车等都是发展有氧代谢能力的常用训练手段，它们对改善心肺系统的功能、扩大能量储备、加速乳酸消除及提高专项耐力的作用十分显著。运动员要重视有氧代谢能力的训练，切忌以速度耐力训练代替一般耐力训练，即使达到相当高的运动水平，有氧代谢能力的训练也是不可缺少的。

二、发展无氧代谢和混合代谢能力是中长跑专项耐力的核心

由于中长跑项目以糖酵解供能为主，因此，发展无氧代谢和混合代谢能力，提高机体制造乳酸和耐受乳酸的能力，成为中长跑专项耐力训练的核心。现代训练实践表明：随着对中长跑项目本质特征认识的加深和成绩的不断提高，当今的训练理念和方法已有了很大的改变，主要表现逐步增加无氧代谢和混合代谢的训练比重，目前，已达到60%～75%，并有继续加大的趋势。

第四节　提升中长跑耐力的训练法

一、重复训练法

在专项距离的训练中，重复训练法是指多次采取极限强度的训练方法，旨在提高中长跑运动员对乳酸的耐受能力。如800米运动员选跑600米，1500米运动员选跑1200米，5000米运动员选跑3000～4000米等。重复训练法的训练强度非常大，要求跑速等于或高于专项目标成绩的平均速度，因此，每次课的重复次数以2～4次为宜。重复跑之间的恢复时间应确保运动员能够得到充分的休息和恢复，一般在10～15分钟之间。重复训练法对强化专项能力、提高专项成绩有着非常重要和直接的作用。

二、间歇训练法

实践证明，发展运动员的糖酵解供能系统，以次极限强度进行间歇训练是非常有效的方法，它可以提高运动员制造乳酸的能力，使运动员体内乳酸的堆积量超过比赛时的最高值。20世纪40年代末，间歇训练法被创立，随着训练科学化进程的发展，间歇训练法演变出了多个种类。目前，世界优秀运动员普遍采用的间歇训练法主要有以下几种：

1.等距离—等间歇时间训练法。例如，400米×5次，每次间歇3分钟。

2.递增距离—等间歇时间训练法。例如，200米+400米+800米+1000米，每次间歇3分钟。

3.等距离—递减间歇时间训练法。例如，400米+间歇3分钟+400米+间歇2分钟+400米+间歇1分钟+400米。

4.递减距离—等间歇时间训练法。例如，2000米+1600米+1000米+800米+400米，每次间歇时间5分钟。

5.等距离—等间歇时间多组训练法。例如，（400米×4次）×3组，每个400米间歇2分钟，跑完4个为一组，组间歇时间为10分钟，共跑3组。

6.不等距离—等间歇时间多组训练法。例如，（600米+间歇1分钟+200米）×4组，组间歇时间为5分钟，共跑4组。

运用间歇训练法进行训练时，首先要考虑的是训练强度与间歇时间。一般来说，应选用85%～95%的次极限强度进行训练。间歇时间应根据运动员的训练水平和恢复能力来确定，通常以心率恢复到20～22次/10秒开始下一次练习为宜。其次要考虑的是间歇快跑的距离、数量、专项特征以及个人特点的一致性。换句话讲，就是要因人、因项、因课的训练目的来确定训练量的多少。

三、变速训练法

在中长跑的训练中，常采用不同速度长时间的交替跑，也就是我们常说的变速跑。变速跑分为越野变速跑和场地变速跑两种。越野变速跑多在公路和草地上进行，由于路线多变和距离测量不精确，因此加速快跑的次数、距离和速度一般由运动员自己掌握。而场地变速跑，由于距离测量准确，教练员可以对快跑和慢跑的距离、速度提出具体的要求，而且不以运动员恢复到什么程度为标准，因此训练难度相对较大。场地变速训练法分为两种：一种是短段落、短间歇、重复次数多，如（100米快+100米慢或200米快+100米慢或400米快+100米慢）×10～20次；另一种是长段落、短间歇、重复次数少，如（1000米快+200米慢或2000米快+400米慢）×4～8次。变速训练法对改善运动员不同代谢方式的转换能力及培养意志品质是非常有益的。

第五节　中长跑专项素质训练

发展中长跑运动员专项耐力的关键在于如何因项、因人，控制好有氧、无氧及混合代谢供能的训练比例，科学制定跑的速度、距离以及间歇时间。只有根据专项特征，在强化有氧代谢训练的基础上，逐步加大无氧供能训练和混合供能训练的比重，才能最大限度地挖掘运动员的潜力，提高专项成绩。

一、专项素质训练

1.一般耐力训练

一般耐力是发展中长跑专项耐力的基础。一般耐力在中长跑项目上占有重要的位置，它可以有效地提高呼吸系统、心血管系统的工作能力。在训练中，根据不同的任务应有所侧重不间断地进行耐力训练。准备期比重较大，比赛期及比赛前也应有所安排。

一般耐力是通过强度小且时间长的越野跑、骑自行车、游泳、滑冰、滑雪、爬山、各种球类练习进行训练。

发展一般耐力要从增加量开始，循序渐进，波浪式前进，随着训练水平的不断提高，适当增加跑量和强度。中长跑运动员的一般耐力训练，除训练课安排外，常常利用早操时间进行45秒～1分30秒的持续跑或各种形式的越野跑。

一般耐力不仅可以提高内脏功能，提高有氧代谢能力，还可以培养运动员的意志品质，改进跑的技术和提高身体素质。

2.专项耐力训练

中长跑运动员的专项耐力，实质就是专项能力或速度耐力。在训练中，应根据任务的不同有计划、有目的地进行。

发展专项耐力一般采用间歇跑、重复跑、变速跑，接近专项距离、专项距离或超过专项距离的计时跑，以及专项检查跑、测验、比赛等方式进行。

间歇跑时，使心率保持在120～180次/分的范围内，使心输出量处在最佳水平上，在间歇时肌肉得到休息，而心脏仍处在很高的活动水平，使整个训练对心脏功能的增强都有显著效果。一般在200～600米的距离上采用间歇跑。

重复跑的训练是反复跑几个段落，休息时间较充分，跑的距离、重复次数、要求的强度应根据专项特点和训练任务而定，可采用100～300米，

400～600米，1000～1600米，2000～4000米，甚至8000米的距离。在短于专项比赛距离的重复跑时，速度应高于比赛平均速度。与比赛距离相同的重复跑训练应适当减少，以免身心承受更大的负担。重复跑是发展速度和专项耐力的重要手段，还可以培养跑的速度感和节奏。比赛期采用较多。随着重大比赛的到来，检查跑、测验和适当的比赛不可少，以培养竞技状态，提高专项能力和比赛能力。

3.速度训练

速度训练对中长跑运动员不可忽视，速度是提高中长跑成绩的重要条件。中长跑各个项目不同，因此在速度训练中的衡量标准也不同。中跑运动员常以100米成绩来衡量速度，长跑则以400米来衡量速度。中长跑运动员对速度素质的发展，要根据各个项目的需要来进行。在耐力水平相同的情况下，速度往往是取胜的关键。因此，中长跑运动员在少年时期的基础训练过程中，应努力发展速度，使之达到一定的水平。速度发展到一定程度，再提高就需要花费相当大的精力，这时应将重点放在提高专项耐力上。速度训练仅能起到保持原有水平的作用。发展速度多采用加速跑、短距离反复跑、行进间跑、下坡跑、顺风跑等，以及60～200米之内的变速跑。中跑运动员速度练习比重大些，而且还需要增加力量、弹跳力的练习。中长跑各项在训练中速度占的比重大致如下：5000米约占10%，1500米约占20%，800米约占30%～40%。

4.身体训练

随着中长跑技术的不断提高，运动员的身体训练水平必须与成绩的提高相适应，中长跑运动员身体训练的关键问题是要将一般身体训练与专项身体训练结合好。

在进行力量练习时，采用较长时间的跳跃、投实心球、沙袋、轻杠铃，也可采用加大困难条件的跑、跳练习，如上坡跑、沙滩跑、草地跑以及松软土地和雪地上的跑跳练习。发展力量练习时还需考虑到上肢、下肢、腰、腹肌的协调发展。长跑运动员更应突出耐力和力量耐力为主的身体训练。中长跑运动员还要通过各种球类、体操、武术、游泳、滑冰、跨栏及其他田径项目进行全面身体训练。

身体循环训练已被实践证明是中长跑运动员行之有效的身体训练方法，

它不仅可以发展身体各部肌肉，还可以改善和提高运动员的内脏器官功能。身体循环训练的内容、次数、组数和时间应根据训练任务、运动项目的特点、运动员个人的习惯进行组合和安排。

5.有氧训练与无氧训练

中长跑运动员的一个特点是具有良好的耐乳酸能力。提高有氧与无氧训练水平是中长跑运动员努力的方向。中长跑各个项目有氧训练与无氧训练的比重是不同的，跑的距离越长，有氧训练比例就越大，无氧训练比例则越小。从某种意义上讲，一般耐力、长跑是有氧训练。现代医学、生理学、生物化学研究证明，氧债占70%时为无氧代谢；氧债占30%时为有氧代谢。中长跑虽然以发展乳酸供能为主，但也要相应发展磷酸供能，特别像800米和1500米这样的项目发展磷酸能就更为重要。磷酸能是提高速度的关键，发展磷酸能不仅能够在中跑运动提供相当一部分的能量，还能在决定胜负的最后冲刺时段起到明显的作用。中长跑运动员在进行各自专项训练时，必须考虑到有氧训练的比重，以保证专项能力的提高。

二、其他素质训练

1.技术训练

运动员在进行中长跑训练时，应学会如何在跑的途中尽量节省体力，适宜地发挥身体素质的重要作用，这个过程中，合理的技术是关键。中长跑的技术训练主要是在大量跑的练习中进行。还可针对运动员的技术情况，利用各种跑的专门性练习改进技术。小步跑、高抬腿跑、后蹬跑，都是改进腿部技术、发展腿部力量和灵敏协调性的好方法。此外，如加速跑、支撑高抬腿跑、二人并列同步跑、跨步跑、多级跳、原地摆臂等练习，也是改进技术的有效方法。

步幅与步频，腾空与支撑的比例，呼吸与跑的节奏，上肢和下肢的配合，跑的距离与步长的关系等，都是中长跑技术训练中不容忽视的关键点。只有处理好这些关系，才能减少体力的消耗，使中长跑技术更加合理。

2.战术训练

中长跑的战术非常重要，在水平相当的条件下，正确地实施战术是取胜的关键。运动员在比赛中要根据本人的实际和习惯确定战术方案，对对手情况、场地、气候、风向、环境等条件进行分析研究，要知已知彼，掌握比赛的主动权。合理地分配体力是取得理想成绩的主要战术。匀速跑一般能取得好成绩。一般耐力好的运动员常采用领先跑。速度好的多采用跟随跑，为了摆脱对手还可采用变速跑。

战术训练也要在困难条件下进行训练，以培养意志品质。平时训练还要培养速度感和跑的节奏，以便在比赛中掌握速度、节奏，灵活运用战术。战术训练还需要在测验、比赛中进行，通过参加测验比赛逐步提高应变能力、实战能力和临场经验，通过测验比赛，总结经验教训，以提高自己的战术水平。

3.心理训练

中长跑运动员的训练和比赛不仅体力消耗大，心理能量消耗也很大。在艰苦训练中，在实力相当的激烈比赛中，心理训练水平的高低起着重要的作用。心理训练就是通过各种有效的方法，培养运动员坚毅顽强的意志品质，使其在困难条件下充分发挥运动能力。要培养中长跑运动员具有强烈的事业心，对训练和比赛充满信心和激情；能承受大负荷的训练；不畏强手，敢于拼搏，有必胜的信念。

要从小培养意志品质，从易到难逐步提高。充分利用困难条件和困难环境，提高在任何困难条件下都能较好地完成训练任务的能力。当遇见气候变化时，教练不要轻易改变训练计划，要在艰苦的环境中培养运动员的意志和信心，以提高心理素质的稳定性。还可以在训练中模拟和对手比赛的训练，以增强比赛时的信心。中长跑运动员要学会调节自己的情绪和感情，比赛之前可通过意念、思维、表象重现等让自己对技术和战术的概念理解得更加深刻。通过轻松的散步，合理地安排学习、文化生活、休息，让神经系统和运动器官的疲劳得到缓解和调节。

4.恢复训练

恢复训练是中长跑运动的重要训练内容之一。训练负荷离不开恢复，恢复训练有助于完成新的训练和比赛。参加重大比赛之前，要进行恢复和调整，一般采用球类活动、野外轻松跑和其他体育项目的练习进行恢复，轻松和小强度的活动较好。中长跑运动员在经过大负荷的训练后，应绕场走动、在草地做轻松的跑步或做各种徒手放松体操进行加速恢复。研究表明，中长跑运动员做一些小强度的练习比完全静止休息恢复得更快。加强医务监督和自我医务监督也是恢复的一个方面。分析训练资料和医务监督资料，做到心中有数，合理安排训练负荷。常采用的简便方法是：早、晚、训练前、训练间歇、训练结束后测量脉搏，掌握心率的变化，了解体重、食欲、睡眠、身体状况、训练欲望、训练中自我感觉等；在有条件的情况下，定期进行心电图、脑电图、血、尿蛋白、血乳酸及全面体检；根据所掌握的情况综合分析，安排训练和积极性的休息，恢复身心机能的稳定性。

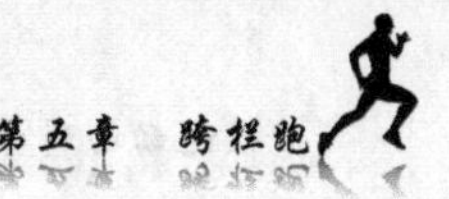

第五章 跨栏跑

跨栏起源于英国。由牧羊人跨越羊圈栅栏的游戏演变而来。跨栏跑最早使用的栏架是掩埋在地面上的木支架或栅栏，1900年，出现可移动的倒T字形栏架。1935年，有人将倒T形栏架改成L形栏架。L形栏架支脚的另一端朝向运动员的跑进方向，稍加阻力即可向前翻倒，减轻了运动员过栏时的恐惧心理。奥运会比赛项目分男子110米跨栏跑、400米跨栏跑（1896年列入）；女子100米跨栏跑（1932年列入，当时为80米跨栏跑，1972年改为100米跨栏跑）、400米跨栏跑（1984年列入）。男子110米跨栏跑的栏高为106厘米，400米跨栏跑的栏高为91.4厘米；女子100米跨栏跑的栏高为84厘米，400米跨栏跑的栏高为76.2厘米。比赛时，运动员必须跨越10个栏架，除故意用手推或用脚踢倒栏架外，身体其他部位碰倒栏架不算犯规。

第一节 跨栏跑的专项素质和训练

一、跨栏跑的专项运动素质

1.专项速度

速度是跨栏运动员应具备的核心身体素质。田径运动早已进入了以速度为核心、改进和完善技术的时代，而今天的跨栏跑已趋向于“跑栏”这一速度为中心的田径竞赛项目。提高跨栏跑的成绩，除提高运动员的平跑速度外，还应进行起跨腿蹬地速度、摆动腿动作速度、起跨腿提拉速度等的练习。

平跑速度是跨栏运动员的灵魂。跨栏的成绩主要取决于平跑速度、过栏时间和跑跨结合的能力。优秀的跨栏运动员一般都有良好的短跑速度基础。短跑速度快的选手，其跨栏的成绩相对来说就好，在跨栏全程跑中，约有74米是平跑，占总距离的67%，可见平跑速度对跨栏跑成绩的影响是极为重要的。

优秀跨栏选手的摆动腿上栏速度非常快，脚掌与脚踝的水平速度可达每秒11.5米以上，所用时间约占0.34秒，而踝的运动距离却达到4米。摆动腿在跨栏后下放（即脚过栏后到脚掌着地的整个过程）速度比栏前速度要低接近一半，只有每秒5.8米，就摆动腿过栏完成鞭打动作的速度来看，其平均速度接近每秒9.17米，是人体四肢非常快的一个振幅动作。

起跨时，起跨腿蹬地速度越快就越能获得较大的支撑反作用力，过栏腾空初速度也越大。优秀运动员在过栏后，起跨腿前摆速度高于栏前提拉的速度，与摆动腿动作相反，后部动作有加速。因为只有当两腿过栏动作迅猛，并能在时间上得到协调的配合，才能表现出腾空的快速剪绞动作。通过观察，他们的两腿剪绞非常积极，这是促使下栏快且跨跑结合好的关键。

2.专项力量

强大的肩部力量是跨栏跑专项所必需的。因为增大上体转动惯量还得靠强壮的肩部、胸背及手臂肌肉，具有较强的肩部力量还可以防止上体在跨栏时的过分转动，维持身体的平衡。跨栏跑是速度性运动项目，它需要运动员快速且强有力地摆臂来带动腿部动作。发展肩部力量的手段包括前后摆臂，双手持哑铃做侧平举、上体前屈扩胸举、扩胸举等。

在进行跨栏跑时，需要比较强的支撑力量，腰背肌能够起到保持身体姿势的作用，所以急需发展腰腹背肌的最大力量和快速力量。在攻栏时，上体要保持直体姿势的快速下压；从栏上动作转化为栏下动作时，需要具备较强的腰背力量来固定躯干，使摆动腿在快速下压时，收缩肌肉有一个较为稳固的支撑点，跨栏步的腾空时间就缩短，这些都需要运动员有较发达的腰腹肌。并且拥有强大的腰腹肌力量，能够保持身体重心位置的稳定，加强攻栏时上体充分前压的控制能力。

髋关节部位的力量是跨栏运动员需要的一种特殊的力量，是跨栏专项力量的重要组成部分。因为跨栏的主要动力是大腿以髋关节为轴的摆动，运动员如果没有强大的髋部力量，很难完成比赛。另外，过栏时摆动腿和起跨腿的摆动幅度与速度都比较大，要完成这些动作，运动员必须具备强大的髋部力量。

由于跨栏跑的生理负荷与短跑基本相同，这就决定了短跑和跨栏跑的用力性质都是爆发式的。跨栏跑属于短时间、短距离、大强度、高速度的运动项目，需要运动员肌肉有强有力的爆发力。爆发力是指肌肉快速发挥力量的能力，是快速力量的一种表现，是指张力已经开始增加的肌肉以最快的速度克服阻力的能力。通过最大强度的力量刺激，使运动员的神经系统达到最高的兴奋状态，又通过运动员在神经系统最高兴奋状态下工作，从而提高神经系统对肌肉的控制能力以及它们之间的协调能力。

3.专项柔韧性

速度好的短跑选手未必能够成为好的跨栏运动员，主要原因就是缺乏良好的柔韧性。为了尽量擦栏跨过，腿要前后打开，起跨腿从侧方向前，都需要髋关节的柔韧性。所以优秀的跨栏跑运动员必须具有较好的柔韧素质。柔韧性不是静止状态时的柔软度，而是与能动性相伴的柔软度，所以不单单是关节灵活性，而是带有力量性并能大幅度进行运动的柔韧性。全面的专项柔韧训练不仅可以促进运动员竞技水平的提高，还可以避免或减少因训练而导致严重的伤病。跨栏时，起跨腿与摆动腿之间会形成一个大的夹角，起跨腿和摆动腿在栏上形成“跨栏坐”的姿势；攻栏时，上体与摆动腿还会形成一个小夹角，以上这些动作都要求优秀跨栏运动员具有较好的柔韧素质，尤其是肩关节、髋关节以及大腿后侧的韧带和肌肉柔韧性对跨栏运动员非常重要。柔韧素质是一种下降很快的运动素质，要想保持较高的专项水平，柔韧素质的练习必须常年保持。

二、跨栏跑专项素质的训练

1.专项速度训练

发展平跑速度的练习：

（1）行进间跑30～60米；

（2）反复跑60～80米；

（3）短距离接力跑；

（4）短距离变速跑100～150米（30米快跑+20米惯性跑+30米快跑+20米惯性跑）；

（5）短距离组合跑（20米+40米+60米+80米+100米或30米+60米+100米+60米+30米）。

发展过栏动作速率的练习：

（1）原地或短程助跑的快速多级跳，如跨步跳、高抬腿跳、后蹬跑等；

（2）连续快速做摆动腿和起跨腿的模仿练习；

（3）走或慢跑连续快速做摆动腿或起跨腿栏侧过栏练习；

（4）跨低栏，强调摆动腿的摆动速度；

（5）在栏侧或栏上一步过栏；

（6）缩短栏间距离，做高抬膝跨栏跑，步频要快，抬膝要高。

提高栏间跑速度与过栏速度相结合的练习：

（1）缩短栏间距离，做高抬膝跨栏跑；

（2）缩短栏间距离的跨栏跑，此时步频要快，抬膝要高；

（3）平跑和跨栏跑交替进行；

（4）降低栏架高度，不缩短栏间距离的跨栏跑；

（5）跨6～8个以上的栏架，第三栏以后每个栏间依次递减10厘米，以提高和保持栏间跑速度和节奏跨更多栏架；

（6）加长栏间距离，增加栏间跑步数，提高过栏和栏间跑速度。

2.专项力量训练

发展最大力量的练习：

（1）提拉至胸70%～80%；

（2）抓举70%～100%；

（3）深蹲80%～110%。

发展速度力量的练习：

立定跳远、立定三级跳、十级跨跳、跳栏架。

发展力量耐力的练习：

长距离的跳跃练习100～200米跨步跳和60～100米单足跳。

3.专项柔韧性训练

（1）肋木上的各种压腿：正压、侧压；

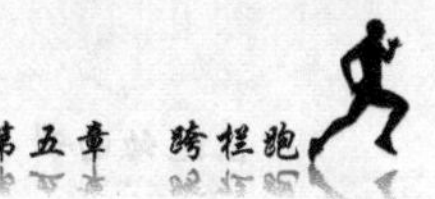

（2）垫上或草地上跨栏坐、跨栏坐向侧向后倒体、纵向横向劈叉、直腿并腿屈压；

（3）扶肋木的摆腿练习：正摆腿、侧摆腿、后摆腿；

（4）模仿跨栏动作的练习。

第二节 跨栏跑运动员应具备的素质

一、良好的战术能力

跨栏运动在不断向高速度、高技术、激烈竞争发展的同时，战术的形成和运用也充分体现出精练化、技巧化和智谋化。技术是战术的基础，战术则是技术的导向，也是检验运动素质发挥、技术运用、比赛结果的最好标准。有些优秀运动员会在熟练掌握跨栏跑基本技术的前提下，安排一些邀请赛或热身赛来锻炼自己参加实际比赛的能力，演练将在重大比赛中使用的战术，以检验其有效性。通过实战训练，不仅能丰富临场比赛的经验，合理运用技术的能力也将得到明显的提高，而且能充分了解对手情况，在大赛前根据对手的情况和自己的竞技状态制订正确合理的比赛战术，做到知己知彼，百战不殆。

良好的控制意识。高水平跨栏比赛不仅是与对手的竞技，也是与自我的较量。历史上经常有不畏强敌的赛场英雄却败在自己手里、大型比赛中一流选手在跑道上摔倒的事件发生，优秀运动员应该在这些历史中吸取教训，平时训练中培养自我控制的能力和意识。跨栏运动员的控制意识能通过认真练习百米跨栏跑得到最好的发展，也就是说有必要进行某种有控制的栏间周期的练习。鉴于不利的气候或其他不利条件，经常需要改变节奏和速度，然而运动员能否具有作出适当反应的能力，很大程度上取决于他所采用的分配和控制力量的方式。当遇到较强的顶头风时，运动员必须选定一种较小的步幅和一种更快的奔跑速度，而且要事先选定好，做到有的放矢。

二、优越的心理素质

运动员比赛成绩的发挥，在很大程度上取决于运动员的心理承受能力。具有良好心理素质的运动员往往渴望与强手竞争，在比赛中敢于拼搏，能在激烈的比赛竞争中出色地发挥自己的技术水平。心理素质较差的运动员则会对大型的比赛，尤其是与高手同场竞技，表现出一种畏惧心理。这些运动员往往由于紧张的心理状态而导致发挥失常、技术变形等。优秀的跨栏跑运动员要有超群的思维功能，反应速度快，速度知觉（反映准确估计自己跑速、正确分配力量及灵活调节速度的心理素质）以及感知（提高动作频率的心理前提）的敏捷性，这些是优秀跨栏跑运动员的重要心理特征。

三、较高的运动智能

现代运动训练与比赛对运动员智能水平的要求越来越高，智能水平的高低有时能成为影响甚至决定比赛胜负关键，是运动员竞技能力的重要基础之一。现代竞技体育的竞争决不单纯是体能的较量，而是体能加智能的竞争，“智体合一”才能造就出高水平运动员，而且运动员体能潜力是有限，心理智力潜力的挖掘却是无穷的。具有较高运动智能的竞技选手，对本专项竞技的特点和规律有着较为深刻的把握，对于训练的力量和方法也有更为准确的认识和体验。

跨栏跑是田径运动技术最为复杂的项目之一，要求运动员具有丰富的想象力和创造力来善于分析和判断动作。只有通过身体实践，将教练的科学指导和训练通过大脑的思考和加工形成新的动力定型，才能提高运动能力。在学习新的动作技术、改善和提高动作技术的过程中，又需要敏锐的思维和记忆，对跨栏技术动作的力度、方位及准确性等需要敏锐的洞察力；对比赛进行分析预测，对赛场信息进行加工综合，对运动技术进行评述等，要求运动员具有严密的逻辑思维能力。

第六章 接力跑

第一节 接力跑的发展历史

时间到了19世纪末，在径赛的比赛项目中出现了接力跑。其比赛规则规定，接棒人在20米接力区内跑进中从传棒人手中接棒。随着时间的推移，如今的4×100米接力比赛中，接棒人的跑道距离已经加大，允许在接力区前10米即可开始预跑，但传接棒仍在20米的接力区内完成。1912年，接力跑项目终于有了新的"舞台"，男子4×100米和4×400米接力跑被正式列为奥运会比赛项目。又过了6年，女子4×100米接力也继男子项目之后被列为奥运会项目。1912年的奥运会上，男子4×100米接力赛引人注目，此次的参赛队伍一共8个，比赛的结果是美国、瑞典分获冠亚军。有意思的是，德国队在预赛中以42秒3创造了这个项目的第一个正式世界纪录。在接下来的奥运赛场上，这一项目的主角由美国队担任并出尽了风头。美国从第七届奥运会开始，就在该项目中独占鳌头，除了1960年奥运会、1988年奥运会和1992年奥运会外，凡是美国参赛的奥运会，男子4×100米接力项目均获得冠军。另外，美国队在其他重要的比赛上也有好的表现，比如世界杯、世界锦标赛。当然，该项目的世界纪录也大都由美国人创造。在这一过程中，英国、荷兰、德国也曾各领风骚。在4×400米接力赛中，美国队更是表现出色，该项目的第一个世界纪录是1911年被美国队创造的，之后也多由美国队刷新。女子接力赛4×100米的第一个奥运会冠军是由加拿大获得，时间为1928年，成绩为48秒4。4年后，美国以47秒捧杯。1936年第十一届柏林奥运会上，德国人在预赛中以46秒4创造该项第一个世界纪录，但冠军却被美国人夺去。1952年第十五届奥运会上，4×100米接力赛高潮迭起，首先是澳大利亚在预赛中破世界纪录，接着美国和前联邦德国在决赛中双破纪录并分享了冠、亚军。60年代，苏联也展现了一定的实力，曾数破世界纪录。女子4×400米接力开展较晚，1969年才由苏联创下第一个世界纪录，成绩3分47秒4。但这只是一个开端。这一年，此项纪录像开了闸的潮水，不足4个月的短短时间内，欧洲的苏联、英、法、德等国相互角逐，7次破世界纪录，成绩从3分47秒4提高到3分30秒8。

第二节　接力跑技术训练

最初，参加接力赛跑的选手并不是专职的，而是由其他项目的运动员兼项完成，由此可见，该项目并没有一个科学的、针对性强的训练计划。根据客观情况，训练内容大致如下：单人强化训练、双人配合训练和集体配合训练。在日常生活中，运动员只有在自己主要负责的项目训练完成以后，再依据个人情况制定接力跑训练计划。在两、三人有时间有条件的基础上可以进行双人训练；在全队有时间有条件的基础上，可以进行全队的技术训练。除此之外，全队训练要特定单独安排时间进行，尤其是赛前，全队训练更是必不可少的，教练员也要花精力研究技战术。

一、接力跑的个人训练

所谓个人训练就是针对一个人的有指向性的练习，体现在训练内容上就是对起跑、起动、弯道跑等。

1.起跑练习

在接力跑中，第一个起跑的人有着至关重要的作用，中国有句古话，万事开头难，而一件事的开头如果开好的话，那么接下来可能就一切顺利。尤其在接力跑中，第一跑的运动员如果能够抢占先机，那么后面的队友可能就会更有信心，从而发挥出正常的水平，甚至超常发挥。由于比赛是在弯道上持棒做蹲踞式起跑，对于一些运动员来说有不习惯的可能，所以有可能跑第

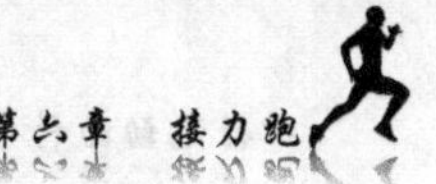

一棒的运动员都必须进行专门的持棒的弯道起跑练习，以此增强起跑时对器械的感觉。

2.起动练习

说完第一棒，再来说说后面的选手，对于他们来说，起动练习非常重要，所以，在日常训练中，要重点进行起跑训练。接棒运动员的起跑姿势有两种：一是站立式，二是半蹲式。起跑姿势的选择，主要取决于能否快速起跑和进入加速跑，并能清晰地看到传棒队员及设定的起动标志线。

练习方法：

（1）运动员在规定好的跑道上的接力区后的大约10米的地方，做好接棒的准备，在这一过程中，要以一个正确的姿势迎接队员的传棒动作，这一姿势通常都是蹲踞式或站立式的，姿势摆好的同时，注意力也要高度集中，正所谓，眼观六路耳听八方，当教练员有节奏的击掌声时，运动员以最快的反应做加速跑；

（2）运动员在规定好的跑道上的接力区后的大约10米的地方，做好接棒的准备，在这一过程中，要以一个正确的姿势迎接队员的传棒动作，这一姿势依然是蹲踞式或站立式的，与此同时，头向侧后方看，教练员在运动员后5米处向上抛一篮球，球落地的瞬间，运动员以最快的反应做加速跑；

（3）运动员在规定好的跑道上的接力区后的大约10米的地方，做好接棒的准备，在这一过程中，要以一个正确的姿势迎接队员的传棒动作，这一姿势还是蹲踞式或站立式的，与此同时，头向侧后方看，看陪练队员跑进到后面标志线时，运动员以最快的反应做加速跑，陪练队员的跑进速度应由慢到快。

3.弯道跑练习

在整个跑动周期中，第一和第三棒选手要重点进行弯道跑训练。在训练中，反复进行持棒弯道跑练习，增加对器械的感觉，就像战士要熟悉自己的武器一样，只有把自己的武器变成自己身体的一部分一样，才能在战场上有出色的表现。所以，运动员一定要消除对器械的不习惯的感觉，并由此找到适合自己的道次以及适合自己的持棒方式。

二、接力跑的双人训练

双人训练就是以配合为主，运动员在传、接棒时的默契程度对整个比赛来说是关键节点。在日常的大量的训练中，使这一传接动作达到完美无瑕，最终使每个比赛成员都能发挥出最好的水平，尤其是避免选手们的速度重复。

训练方法：

（1）运动员在规定好的跑道上做好准备，第一棒队员与第二棒队员配对练习，第三棒队员与第四棒队员配对练习，反复进行多次，直到这两组都达到非常默契的程度，而后，再重新组合，第二棒队员与第三棒队员再配对练习。

（2）在训练之前，先将接力区规定好，按着不同的距离进行分段式传接训练，比如50米训练，熟练以后，进行60米训练，循序渐进，70米、80米。在这一过程中，运动员要注意力非常集中，当传棒队员跑到标志点后发出口令，接棒人就要迅速做出反应，向后伸臂果断、稳定，不可左右晃动。传棒队员发出口令后，必须有一定的间隙，便于看清同伴伸出手后，准确传棒。两人跑进的速度根据传、接棒的熟练程度由慢到快，多次重复。通过反复练习，两名队员要确定起动标志点和传、接棒的方式。

三、接力跑的全队训练

团结就是力量，尤其在集体性的体育项目中，不能有个人逞强的表现，甚至是英雄主义，而是要顾全大局，关注每个人的配合能力。所以接力赛的全队训练也可以称为终极训练。尤其是在赛前，把各个不同项目的运动员召集起来进行同一项目的训练是很有必要的，只有这样才能在比赛中达到默契配合。

训练方法：

（1）第一棒与第二棒队员配合，第三棒与第四棒队员配合，第二棒与第三棒队员配合，进行50～80米的分段练习，这样是让队员们有一个逐步的适应过程，为下一阶段的全队练习创造条件；

（2）分组同方法1，在竞争中进行半程快速传、接棒练习，这样既能提高运动员的兴奋性，又能在接近比赛的情绪下掌握接力跑技术；

（3）组成两队进行教学比赛或练习，这样对以后在正式比赛中水平的稳定发挥是很有必要的，也可以在实战中发现一些平常发现不了的问题，及时地加以调整和改进。

（4）如果有条件，还要组队多参加比赛，在实战中提高技术，提高队员的心理承受力。

第三节　接力跑的交接棒技术

一、接力跑各阶段的任务

在接力跑技术中，包含着不同的技术阶段，参赛的四个选手，虽然棒次不同，但是这种技术阶段却是相同的，均分为预备阶段、加速阶段、传接棒阶段，之所以有这四个阶段，是因为它们分担着不同的任务。

1.预备阶段：这一阶段是交接棒的关键阶段。包括两部分，第一部分是传棒队员要做到尽可能以最大速度跑进，第二部分是接棒队员，他要根据情况，抓住最佳时机，以最大能力起动。

2.加速阶段：这一阶段是交接棒刚刚结束的阶段。包括两部分，第一部分是传棒队员交完棒后要保持跑进速度，第二部分是接棒队员接到棒以后，要以最大限度进行加速，以获得两人的速度几乎一致。

3.传接棒阶段：看过接力跑比赛的观众一定都会有这样的记忆，那就是运动员在传接时造成棒的掉落，这一现象将大大影响运动员的比赛情绪和比赛成绩。所以，在日常训练中，要运用专门的传接棒动作技术进行长期的、反复的训练，以求在最短的时间内完成接力棒的传接。

二、各棒的传接技术与方法

1.四个传接棒运动员的传接棒路线

第一名队员通常情况下是以右侧的手拿棒，在跑动时，以跑道内侧跑进，在与第二名队员进行传接棒时，第一名队员是跑在第二棒运动员的内侧，等棒到了第二名队员手中时，第二名队员是以左手持棒，接下来要进行了的是后直线跑进，快接近第三名队员时，第二名队员要跑在第三棒运动员的外侧，第三棒运动员以右手接棒后沿跑道内侧跑进，传接棒时跑在第四棒运动员的内侧，第四棒运动员以左手接棒后直线跑进，冲过终点。

2.四个传接棒运动员的传接棒技术与方法

（1）预备阶段：在这一阶段，传棒的队员在接近第二个队员时，不能减速，而是要保持跑的最大速度跑进，此时，第二个队员要做好接棒姿势，即前脚掌支撑，两腿弯曲，身体前倾，通过目测必须准确掌握起跑时机，确定起跑时机并以最大能力起动，传棒运动员必须尽可能保持跑进速度。

（2）加速阶段：这是一个非常关键的阶段，传棒运动员要根据实际情况，以及第二个队员的位置，继续保持跑进速度，而对于接棒队员来说，也要注意力高度集中，时刻观察传棒运动员的速度以及注意起动标志，在以速度为特征的赛跑中，时间甚至不是以秒计，千变万化在一瞬间、一刹那发生，所以，接棒运动员一定要将自己的注意力集中到极限，但又不是因为紧张过度而发生失误，这对于他们来说，无论是体能还是心理，都是巨大的考验。当看到传棒队员以闪电般的速度通过起动标志时，接棒队员就要以最大能力进行加速，以获得两人的速度一致。当两名运动员之间跑到一定的距离时，传棒运动员及时准确地给出传棒信号，当接棒运动员听到口令后迅速向后伸出接棒的手臂，准备接棒。

（3）传接棒阶段：就像战士使用武器一样，每个战士的差异性导致了他们使用同一种武器时会有不同的运用方式。接力棒对于不同的运动员来说，也会有运用上的微小的差异，通常情况下，运动员们会统一学习专门的传接棒技术，而后根据自己的实际情况和同队队员的特点，进行微调，以达到发挥出自己和队友的最好水平。传棒运动员要注视接棒运动员的手臂，并发出“接”或接棒运动员的名字时，迅速将接力棒压在接棒运动员的手中。运动员训练采用下压式传接棒技术，当接棒运动员手感觉接触到接力棒时，必须迅速抓紧接力棒，继续快速向前跑进。在传接棒的一瞬间，一般情况下，运动员必须跑在自己的一侧，当完成传接棒后，传棒运动员不能置身于非自己的跑道之外的地方，直到接棒运动员完成接棒跑过自己，才能离开跑道。

三、接力跑的交棒动作

运动员要掌握传接棒的技术要领，所谓事半功倍就是这个道理。如果只是盲目的求速度，做不到快中求稳、求精、求巧，那么是绝对无法取得好成绩的。运动员特别要重视一对一的快跑交接棒训练，每个队员之间进行20~40米的快跑交接棒训练，每个星期至少要有两次针对交接棒的专门训练。在大赛前夕，还要进行突击式的强化训练。很多体育项目中的技巧就像熟悉工种，必须要反复进行，将动作熟悉到下意识完成的程度才可以。在练习时，要求接棒运动员起跑快，起跑后不准回头看，当听到交棒运动员喊出自己名字中的一个字时，快速伸出接棒手。传棒时，要求做到时机准、眼看准、交棒准，接棒时要求做到耳朵灵、手臂稳、动作快，不允许运动员随意交接棒，在每一次的交接棒训练中，认真分析每一传接棒的情况，培养运动员的判断能力和分析能力，不断形成正确的交接棒技术，提高运动员的配合意识和运动员之间的默契程度，从而提高交接棒成功率。

第四节 接力跑的专项训练

一、专项力量训练

专门针对某一个领域而加强的某一种力量就是专项力量，我们都知道，力量来源于肌肉，所以，加强专项力量就是专项运动的肌群力量。不同的运动项目有不同的专项力量，如果张冠李戴，那后果不堪设想。举个例子，你让炮兵去练习水兵的技能，是多么不可理解。同样，你让一个田赛运动员去练习短跑运动员的专项力量，那也是没有用武之地的。教练员在训练实践中必须重视以髋为轴的高速摆动力量练习，通过各种专门练习，让运动员理解和强化短跑的伸髋技术与摆动式着地的技术，另外，根据专项技术的需要，采取相应的、有效的、科学的方法与手段进行短跑运动员的专项力量训练。在日常训练中，主要有腿部负重和不负重的快速摆动练习，还有仰卧状态下以最快速度做跑的模仿练习，当然，练习也要区别对待，不同的动作有不同的方法，比如在训练高抬腿和后蹬跑动作时，就不能安排车轮跑练习，可以弓箭步快速换腿跳、五级蛙跳时充分蹬伸腿后入沙坑、跳跃低栏架或负重在肩上做快速蹬伸跳等。要有针对性地进行训练，比如每个星期至少要有两次跳跃练习，选择地点很重要，通常情况下，可以选择有沙的、地面比较软的地方，摆动练习和跳跃练习是短跑运动员提高相应工作肌群的协调性和共济性的有效手段，有助于短跑速度的提高。

二、专项速度训练

4×100米接力跑分为三个阶段，该项目的运动员必须具备短跑运动员所具备的一切素质，在此基础上，加以运用接力技巧。所以这三个阶段中，均对速度有一定的要求。下面分别说说三个阶段，即起跑后的疾跑、途中跑、冲刺传接棒跑。从字面上看，“疾”和“冲刺”就是以速度为主要素质。途中跑是这三个阶段中相对距离最长的一段路程，运动员的个人速度的快慢往往体现在途中跑，因此训练运动员的绝对速度相当重要。

1.运动员在跑动的过程中是看不到自己的姿态的，这种情形就像“不识庐山真面目，只缘身在此山中”一样，当事者迷，旁观者清，所以，教练员的重要性就在这里体现出来了。在运动员快速跑的过程中，必然会出现一些不科学、不利于加速的微小动作或习惯。教练员会及时加以纠正，从而使之发挥出最大的潜能。采用中速跑60～80米练习的目的是形成正确的跑步姿势，纠正跑步动作，要求动作自然、放松，蹬摆要充分，步幅开阔，两臂摆动协调，躯干姿势正确。在每一次的训练当中，教练员应注意观察每一个运动员的跑步姿势，包括摆臂动作、上体姿势、腿的摆动动作，一旦发现不正确马上给予纠正。说起来容易，做起来难。就像在一本书中这样写道：很多人都懂得养生的重要，但一样熬夜，一样吸烟喝酒，这是为什么呢？因为习惯养成了不好改。训练也是如此，运动员的不良习惯一旦养成，那么，想改正它就没那么容易，必须重复几十遍甚至几百遍，不断引导，并采取一些手段和措施加以纠正。比如手拿一定重量的杠铃片或小的铁哑铃做摆臂动作来纠正个别人左右摆臂的坏习惯，同时也能使摆臂更有力。

2.加强速度训练

（1）加速跑50米反复训练，计时。

（2）加速跑60～100米的反复训练，计时。

（3）行进间跑20～60米，巩固途中跑技术，计时。

（4）重复加速跑120～150米，提高放松跑的能力。

（5）重复弯道加速跑80～120米，特别是训练第一棒和第三棒运动员，重视训练弯道的技术动作，提高弯道跑的技术。

（6）加强四个接力跑运动员传接棒动作的全程配合练习，并计时以便于检查跑的速度，分析跑的情况，总结经验，不断进步。

第七章　竞　走

竞走起源于英国。1867年，英国举行了第一次竞走锦标赛。到了19世纪90年代，这项运动在德国盛行起来。1893年举行的维也纳到柏林的竞走比赛，全程长达578公里。1908年，奥运会正式将竞走列为比赛项目。从1961年起，每年举行卢迦诺杯竞走比赛，以后发展成为世界杯赛，男选手争夺卢迦诺杯，女选手角逐爱斯堡恩杯。

男子竞走于1908年伦敦奥运会正式成为比赛项目，并且分为3500米及10000米两种赛程，后来又出现过3000米及10000米的赛事。1932年的奥运会首次加入50千米竞走的公路赛，而10000米竞走则在跑道上进行。自1956年起，20千米及50千米竞走正式成为奥运会的比赛项目，并且在公路上进行。

女子竞走比赛始于1932年的捷克，直至1992年的奥运会，女子10千米竞走才正式成为比赛项目，2000年悉尼奥运会改为20公里，而且也是在公路上进行，中国的运动员陈跃玲夺得首枚奥运女子竞走金牌。中国的女子竞走运动员閰红、徐永久、李素杰、关平、金冰洁、陈跃玲等，曾多次刷新5000米及10000米竞走的世界纪录。

第一节　竞走基础训练

竞走是以有氧代谢为主，伴随着有氧和无氧混和代谢，并且具有严格技术要求的项目。现代竞走运动员训练的发展趋势是高度专项化，专项训练负荷正从大运动量向大强度转化，负荷总量下降，强度逐渐增加，突出训练质量专项负荷量与专项负荷强度密切结合，两者同时变化，达到最大值。

一、竞走耐力训练

竞走是一项以有氧耐力为主的项目，有氧耐力在很大程度上决定了专项竞技能力。它反映着运动员能源物质储备多少，有氧代谢能力以及运动器官组织抗疲劳的能力。

1.一般耐力训练应该低于氧临界值，通常采用持续训练法，最常用的手段是用80～90的比赛目标速度进行持续走，心率控制在140～160/分钟。机体工作性质与运动强度高度相关，必须保持在某一运动强度，才能发展对应的能力。可以看出，很多教练员对这一问题认识还是模糊的，本来是要练一般耐力，因为强度偏高，发展的却是混氧耐力。造成基础训练阶段一般耐力发展不足。

2.专项耐力是竞走运动员在一定时间内持续进行大强度运动的能力，与提高专项成绩有直接关系，属于有氧无氧混合代谢能力。随运动员成绩的提高，有氧无氧混合供能所占比会相应增加，因此训练中，专项耐力所占比例也应该相应增加。主要采用大强度的持续训练法、间歇训练法和重复训练法来发展专项耐力，距离较长，运动强度较大，心率区间为一次每分钟。

3.速度耐力训练

竞走运动员的速度耐力是无氧代谢耐力，主要以糖酵解供能为主，要根据运动员个人特点及项目对缺氧程度的要求，强化与专项比赛激烈程度相适合的速度耐力训练，提高专项速度耐力，主要训练方法是大强度的间歇走。

二、速度能力训练

竞走虽然是耐力性项目，运动员快速走的能力也非常重要，如起步时的加速走，途中战术的安排及临近结束时的冲刺等。对于青少年运动员来说，此时正是发展速度的敏感期，需要在基础训练时对速度训练引起重视。

教练员多采用大强度的重复走，100%的最大速度，段落距离为200～400米，次间让运动员比较充分的休息，重复次数为6～10次。

三、力量训练

竞走运动员力量训练主要是专项力量耐力的训练，重点是训练竞走项目所需要的力量和力量耐力。在一般力量训练中，比较常用的方法是俯卧撑、仰卧起坐及各种跳跃练习，采用率都高于80%。而在专项力量训练中，采用较多的是各种负重竞走、上坡走和拖重物走练习，采用率都高于80%。以上的练习主要是发展专项力量耐力，还有发展小腿专项力量的负重提踵练习，发展腰腹及骸关节专项力量的仰卧侧向摆腿、仰卧摆腿、俯卧摆腿等练习。

四、柔韧性训练

柔韧性训练目的主要是发展髓关节、踩关节周围肌肉的伸展能力，尤其是发展骸关节的灵活性，对防止受伤、增大步幅、形成放松的技术有重要的作用。发展柔韧性的主要手段是拉伸练习，根据用力形式分为动力性拉伸和静力性拉伸，要根据用力方式可分为主动拉伸和被动拉伸。少年竞走运动员柔韧性的训练应该动静结合，以动为主，主动拉伸和被动拉伸相结合，防止过度牵拉，造成损伤。

五、协调性训练

协调是指在一个有目的的运动过程中，中枢神经系统与骨骼肌的合作关系，其实质是运动神经系统对肌肉的支配能力，主要包括反应能力、区别能力、定向能力、节奏能力和平衡能力，不同的子能力既有区别又有密切联系。良好的肌群间的协调能力对提高技术规范、加快步频、减少能量损耗、防止受伤十分有利。竞走运动员协调性一般包括三个方面的内容：动作节奏的调节能力、肌肉的用力感觉以及肌肉放松能力。良好的协调能力对技术的形成和提高有重要的作用，协调性训练应该和技术训练紧密结合，从而更好地发展专项协调能力，为提高运动水平服务。

第二节 竞走力量训练的基本原则

一、系统性原则

系统训练原则是指，根据竞走项目力量训练的结构特点、竞技状态呈现特征和重大赛事安排规律，系统持续地、周期性的组织竞走运动员进行力量训练的基本原则。系统性原则主要强调力量训练过程的系统性和竞技状态变化的周期性规律，在力量能力的提高和巩固以及重大赛事的安排上，都要求根据力量训练结构因素之间的内在联系以及人体运动能力发展的自然规律，持续有序且周期性地安排力量训练。系统的持续训练是取得理想训练效应的必要条件，人体对训练负荷的生物适应必须通过有机体自身的各个器官、各个系统、各部分肌肉乃至各个细胞的变化，一点一点地去实现。这是因为竞走运动员的力量素质不仅涉及生理、心理等各方面的因素，同时又受先天、后天因素的影响，人体技能的适应性改造不是在短期内就能奏效的。除此之外，人体在训练负荷下的生物适应过程具有明显的周期性。机体对一次力量训练负荷的反应，可以分为工作、适应、恢复和训练效应消失等几个阶段。这就是竞技状态的形成、保持与消失三个阶段。因此要想提高竞走运动员的力量素质，必须长时间、持续且系统地施加适量的负荷，才能打破机体原有的机能属性，注意保持训练的持续性和系统性，有效提高运动员的力量素质。

二、适量负荷原则

适量负荷原则是指，根据竞走运动员的现实可能和人体机能的训练适应规律，以及提高运动员力量素质的需要，在训练中给予相应量度的负荷，负荷后及时消除运动员在训练中所产的疲劳，通过生物适应过程，提高机体力量素质的训练原则。运动员在训练中承受了一定的运动负荷之后，必然会产生相应的训练效应，但并非只要施加负荷就一定会产生良好的训练效应。在竞走项目的力量训练过程中，如果施加的负荷在一定范围内，机体的应激以及产生的一系列变化都会保持在一个适度的范围内。负荷量度越大，对机体的刺激就越深，所引起的应激就越强烈，机体产生的相应变化就越明显，人体的竞技能力就提高得越快。然而当负荷过大，超过运动员机体所能承受的最大负荷量时，运动员的机体则会产生消极的反应。在竞走项目的力量训练中，对机体的负荷通常都是连续施与的，几次负荷之间不同的间歇与联系，会对机体相应地产生不同的生理反应。如果在前次负荷后机体的超量恢复阶段再施与负荷，会使机体水平不断提高，而如果前次负荷后运动员的机体还没有得到恢复而再次施与更大的负荷量时，则会导致身体机能水平下降。

三、循序渐进原则

在我国竞技体育领域的普遍观念中，认为竞走是一项技术性强的项目，因此造成了“重技术轻素质”的现象发生，导致的结果就是我国竞走项目的运动员身体素质这一环节普遍薄弱（力量素质亦是如此），在一些世界性的大赛中难以发挥出应有的水平，与国际众多高水平的专业竞走运动员差距逐渐拉大，难以适宜激烈的国际竞争。力量素质作为素质中的重要组成部分显得尤为重要和突出。我们应当注意的是，要想提高竞走运动员的力量素质，必须遵循循序渐进的训练原则，在初始阶段，施与的负荷不要过大，时间不要过长，动作结构不宜过于复杂，从让运动员的生理机能有一个适应的过程，缓慢地打破机体原有的机能水平，达到一个较为稳定的状态，然后逐渐加大力量训练的负荷量和符合强度，逐渐形成一个“平衡—打破平衡—建立新平衡”的结构，最终达到提高竞走运动员力量素质的目的。

四、结合专项原则

结合专项原则是指在日常训练和模拟比赛中，所练习动作的结构形式应

当与专项动作结构相似，力求在运动员的头脑意识中形成正确的动作表象。在竞走项目的力量训练中，无论是核心力量的训练还是肢体末端肌肉的训练都应当结合专项的特征进行训练，否则与普通的一般力量训练相差无几，达不到真正有效提高力量素质的意义。竞走项目是在保证正确技术动作的基础上长时间持久地进行向前行进的耐力类项目，肌肉需要更多的是力量耐力，因此在进行躯干力量或四肢力量训练时要密切注意和结合这一专项特点，力求与专项技术用力一致、使整体机能协调发展，帮助运动员延缓运动过程中的疲劳出现。结合专项的含义包括三个方面：首先，在教练员的头脑意识中要始终形成一种结合专项的意识，在力量训练的过程中充分考虑到结合竞走技术的特点，形成一种“以练带赛”的情景。其次，在训练动作结构的设计和选择上，要考虑到采用与专项特点相似的动作结构和用力形式。再次，要着重练习机体的核心力量，使核心力量与四肢力量协调发展。

第三节　竞走力量训练方法

在实际的力量训练操作中，不仅要参考已有的传统力量训练方法，而且要结合所从事专项的技术特点和要求，科学、合理、全方位地选择与其相适应的练习方法，才能有效提高运动员的专项素质，达到理想的预期效果。在竞走项目的力量训练中，首先要考虑到竞走运动过程中所参与到的肌肉群、运动关节、相连韧带等组织，有针对性地进行力量训练，进而达到预期的效果。在现代竞走项目中应当采用的训练方法是小负荷强度、长时间大负荷量的条件下进行，因而建议练习时采用的方法有循环训练法和间歇训练法。

一、传统竞走力量训练方法

力量训练手段具有普遍性、广泛性和相似性，不同项目之间具体的训练手段区别不明显，竞走项目也不例外。我国专业竞走运动员普遍使用的力量训练手段有：

1.负重练习

如运用壶铃、杠铃等训练器械来提高竞走运动员四肢的力量素质。

2.对抗性练习

如双人顶、推、拉等，依靠对抗双方短暂的静力作用来发展力量素质。

3.克服弹性练习

如使用拉力器、弹性皮带、拉力绳等器械，通过使弹性物体发生形变所产生的阻力来发展力量素质。

4.利用力量训练器械

利用力量训练器械，可以使身体在各种不同的姿势（或坐、或卧、或立）进行练习，可直接发展运动员所需要的肌肉力量，使训练更有针对性。使用力量训练器械还可以减轻运动员的心理负担，增强自身的自信心，避免不良运动事故的发生。

5.克服外部环境阻力的练习

如利用沙地、海水和草地等天然所具有的优势进行力量素质训练。利用所具有的天然优势增强训练过程中的阻力，提高运动员的环境适应能力，调整动作的姿势，进而提高自身的力量水平。克服自身体重的练习，人体自身所具有的体重为运动员的锻炼提供了良好的训练基础，例如日常的引体向上、倒立推走、纵跳等，这类练习均是由四肢的远端支撑完成，迫使机体局部承受体重，使机体局部部位的力量得到发展。

6.电刺激

用电刺激发展力量能力，将电极置于肌肉的起止端，通过电流的刺激作用使机体发生痛感，增大肌肉作用的体积面积，减少脂肪，从而使肌肉的横截面积和肌肉数量得到明显的提高。

二、新兴竞走力量训练法

核心力量在人体运动过程中发挥了稳定和平衡的作用，是人体力量传输

的纽带，起到了承上启下的作用，并且在预防运动员损伤和积极恢复方面同样具有明显的效果。因此，竞走运动员在力量训练过程中着重发展自身的核心力量素质，在此基础上配合四肢力量的发展，形成一个“躯干是核心，四肢是辅助”的稳定系统，发展竞走运动员力量的训练手段与措施：

1.瑞士球训练法

瑞士球最初起源于欧美等西方国家，是一种简单、灵巧、便捷的力量训练器械，对于发展人体的核心力量和平衡能力具有得天独厚的作用。瑞士球的用途广泛，运用形式多种多样，通过瑞士球“不稳定性”的性能特点，使人体在训练过程中处于一个非稳定性状态。这种训练方法更加接近人体实际训练和比赛当中的动作要求，能够提高人体的稳定性、平衡性和协调性。瑞士球的使用方法有：健身球俯卧撑、健身球上“扎马步”等训练方法。

瑞士球的主要性能体现在提高机体的核心力量（即腰—骨盆—髋关节），能够起到稳定机体重心、协调力量和传导能量的作用，是整体发力的主要环节，对上下肢体的协同工作及整合用力起着承上启下的枢纽作用。除以上功效之外，瑞士球可以直接提高人体上肢的力量水平，增大肌肉的横截面积，扩大肌肉群的数量。

2.平衡垫练习法

平衡垫器械的作用机制和效能与瑞士球大同小异，其原理都是运动自身的不稳定性能来增加练习过程中的动态效果和难度。平衡垫类似于日常生活中的汽车内胎，但是它更加柔软，并且占地面积较小，便于携带，操作简单，适合于不同级别的人员使用。平衡垫器械可以用来提高竞走运动员的核心力量、脚踝力量、腹部力量以及四肢力量等众多肌肉群，平衡垫上面突起的众多小球可以起到按摩治疗的功效，有助于缓解使用者的疲劳程度，促进机体的血液循环，加快人体内部新陈代谢等。

3.橡皮带训练法

橡皮带训练器械是一种类似于弹力绳的器具，通过利用此器材所具备的物理性质——弹性势能，同时采用不同的练习内容和联系形式，能够有效发展和改善运动员的机体力量素质。橡皮带的使用方法多种多样，练习形式五花八门，通过变换不同的形式与内容，可以发展不同部位的力量素质，达到不同的训练效果。例如采用牵引高抬腿跑来发展髋部屈肌群、大腿肌群和小腿肌群，改进大腿高抬和后蹬的技术；采用牵引后折叠腿发展臀部肌群和大小腿后肌群，改进大小腿屈膝前摆技术；采用屈膝前摆来发展大腿肌群和髋部屈肌群，改进摆动腿技术等。

第八章 跳 高

第一节 跳高的历史和发展

在远古时代，跳高是一种深受先民喜爱的游戏活动。跳高这项运动，并非起源于一时一地，在世界诸多国家或地区都曾十分盛行。在古代日耳曼人中曾盛行过跳越横排马匹的比赛，有人最多跳越过横排着的6匹马。非洲图西人的跳高比赛较为有趣，他们利用厚木头跳板或石头作为跳高需要挑战的障碍，进行比赛。

一切运动项目都与人类的生产生活有着深厚的渊源，跳高也不例外，它从古代人类越过垂直障碍的实践中逐渐抽出来，成为一种具有固定程式和规模的运动项目。

欧洲是现代跳高的发源地。18世纪末英伦三岛的苏格兰已有跳高比赛，经过半个多世纪的发展，跳高运动已经风靡欧美国家。1827年9月26日在英国圣罗兰·博德尔俱乐部举行的首届职业田径比赛中，威尔逊（Adam Wilson）屈膝团身跳越1.575米，这是第一个有记载的世界跳高成绩。跳高有跨越式、剪式、俯卧式、背越式等过竿技术，现绝大多数运动员都采用背越式。跳高横杆可用玻璃纤维、金属或其他适宜材料制成，长3.98～4.02米，最大重量2公斤。比赛时，运动员必须用单脚起跳，可以在规定的任一起跳高度上试跳，但第一高度只有3次试跳机会。1896年男子跳高项目列入奥运会比赛项目，女子跳高项目列入奥运会比赛项目的时间要晚32年。

爱尔兰和苏格兰首先将跳高游戏变成比赛项目。进入19世纪的第一年，在苏格兰运动会的比赛中，跳高游戏已经完成“华丽的转身”，成为竞技体育中的一个重要项目。19世纪60年代以后跳高在欧洲和美洲开始普及，运动员的成绩不断提高。为了进一步提高成绩，运动员不仅发展速度力量素质，同时还改进过竿技术动作。20世纪是跳高项目技术变革的分水岭。19世纪末期在提高成绩方面，采取的技术改良，主要集中于起跳技术方面。跨过20世纪的时间之门后，起跳技术的改良便告了一个段落。过竿技术的变革成为跳高运动员及教练集中探讨的问题，通过技术的调整与不断创新，跨越式姿势跳高的成绩已经大幅度上升，1.93米的新高度成为新的纪录。

“东方式”跳高技术又称为“波浪式”，始于19世纪末，盛行于美国东部各州的高等学校。这种新技术是运动员跳跃横竿时较为省力。这种跳高技术的显著特点是运动员助跑路线与横竿的夹角较大。其跳跃过程为迅速起跳后向助跑开始的方向转体，躯干最大限度地向下倒，摆动腿在竿后压腿。由于躯干和摆动腿下压，臀部在这一瞬间升得高于横竿，而在竿上的身体部分好像处在最高的波峰上，因此人们把这种跳法叫“波浪式”（有的国家称作“剪式”）。美国西部各州的大学生中流行的是另一种跳高技术。它的助跑是从起跳腿一侧与横竿成35°～55°角，过竿时上体倒向起跳腿，在竿上呈水平姿势，好像滚过横竿，因而这种方法叫做“滚式”或“霍莱恩”式。技术的改进从来没有停止过，“俯卧式”跳高于1936年在美国诞生。5年后，世界顶尖的男子跳高运动员，就凭借这种跳高技术，摘得世界冠军。直到1952年，世界男子跳高纪录始终被使用该技术的运动员把持着。1.93米的世界纪录成为“过去式”，新的纪录已经攀升到2.11米。

由于“俯卧式”跳高技术在提高运动员向更高的高度挑战方面具有非常大的潜力，它很快成为跳高项目的主流技术。20世纪60年代，跳高运动项目的世界纪录争夺战主要在美国的J·托马斯和苏联的B·H·布鲁梅尔之间展开。J·托马斯是2.20米的世界纪录创造者和保持者。B·H·布鲁梅尔是一个年轻有为的小将，他极具天赋，18岁便问鼎跳高运动的世界冠军。这只是一个开始而已，他不断刷新自己的最高成绩。1963年，B·H·布鲁梅尔一跃创造了2.28米的好成绩，这个成绩成功地刷新男子跳高世界纪录。

“福斯伯里式”跳高技术来源于美国男子跳高运动员R·福斯伯里。“福斯伯里式”对于一般人来说并不是一个熟悉的名字，如果我们用“背越式”这个名词来定义这种跳高技术，大多数人便恍然大悟。第十九届奥林匹克运动会于1968年在墨西哥城召开，在这次奥运会上，R·福斯伯里使用了“背越式”这种全新的跳高技术。这种全新的跳高技术使福斯伯里以2.24米

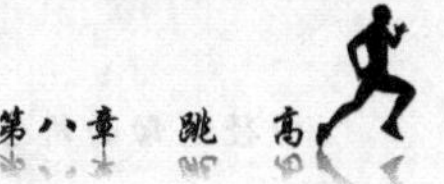

的成绩夺得桂冠。世界冠军备受人们瞩目，而全新的跳高技术也让运动员们如获至宝，争相仿效成为一种流行，这种跳高技术很快推广起来。1972年慕尼黑奥运会上，德意志联邦共和国16岁女跳高运动员U·迈法特用背越式跳过了1.92米，成为历届奥运会最年轻的女跳高冠军。自此以后，背越式跳高技术成为世界跳高运动员使用的主流技术，且给他们带来了不错的成绩。

第二节 跳高起跳阶段分析

一、起跳阶段摆动的重要性

摆动技术是跳高运动的重要技术，它能够增加运动员起跳时向下作用于地面的力，向下对地面的作用力与起跳的初始速度成正比，这样初始速度能够得到大幅度的提升。摆动技术包括摆臂、摆腿等技术。从人体肌肉的合理运力顺序上看，在起跳腿着地之前摆动腿已经开始摆动直至起跳后蹬伸腿离开地面时，摆动腿才会停止摆动，可见摆动在整个跳高起跳过程中一直继续不停。摆动腿和摆动臂要相互配合、协调、最大限度地达到一个统一的节奏，腿、臂的摆动分别是以髋关节、肩关节为支点循环变化。在摆动过程中，运动员要做到靠近起跳点快、离开起跳点快和离开摆动支撑点慢等，这个技术动作会产生相应的减压、加压和减压等力学效应，通过此力学效应可以加快身体在起跳过程中向上的垂直速度。因此，摆动技术越精熟、越先进、越科学合理化，起跳技术也就越至臻完善。

二、起跳阶段摆动腿的技术

物理力学为提高运动员的技术提供了理论支持，运动员的摆动腿总是在向上摆动时才能增大对支撑腿的压力，从而减小对身体的反作用力，以便于提高向上的用力效果。当摆动腿向下摆动时，对地面施加了向下的作用力，同时地面会给人体一个向上的反作用力。给地面的作用力越大，人体就会获得更大的向上的反作用力，进而增大了人体向上运动的垂直速度。摆动腿向上或者向下摆动时，都在发生着动量的转移，摆动过程中大小腿要充分地折叠，这样就能加快膝关节的摆动速度，从而提高摆动的质量。

三、起跳摆动臂技术分析

依据摆动动作划分，现代跳高运动项目的摆臂方式有两种：交叉双臂摆动和交叉单臂摆动。两种摆臂方式给跳高运动员带来的帮助不同，交叉双臂在摆动的力量上给运动员更大的支持，而交叉单臂摆动则更有利于减少起跳时间，起跳时间的减少意味着能量消耗的减少和爆发力的提升。

起跳腿同侧臂屈肘前摆时，双臂同时向前上方摆起，带动躯干伸展。为了使身体快速围绕纵轴旋转和防止上体过早向横杆倒去，摆动腿同侧臂最后一次摆动应高于另一臂，并带肩超越横杆。交叉单臂摆动是指当起跳腿踏向起跳点时，两臂仍自然地做前后摆动，随摆动腿的摆动，起跳腿同侧臂由前向后下方摆动，摆动腿同侧臂顺势由后向前上方迅速上举。

第三节　速度素质训练

一、移动速度类训练手段

提高跳高运动员助跑速度的训练，策略一般和短跑运动员提高奔跑速度的策略相一致。要想提高绝对速度能力和使助跑的效率更高，就必须在运动员奔跑速度上进行强化训练。提高绝对速度能力的练习主要包括：各种减轻负荷的跑，如下坡跑、牵引跑、顺风跑等；各种负荷跑，如上坡跑、拉橡皮筋跑等；各种加速跑以及起跑后的疾跑等。

奔跑的练习方法较多，奔跑训练的长度也各不相同，二者进行组合，训练课程的内容也就多起来。通过不同内容的课程训练，提高运动员速度素质的效果也各不相同。速度素质的构成有诸多组成部分，不同内容的课程训练便能够很好地满足每一种速度素质的要求。但值得注意的是，跳高运动的助跑距离一般不超过30米，所以大部分的运动员在训练中不进行比助跑距离长一倍以上的跑的练习。

我国跳高运动员速度素质训练以短距离为主，相比之下，美国跳高运动员速度训练跑的距离却比我们的长很多。德国速度素质训练时跑的距离与美国不相伯仲，迈法特、磨根堡、亨克尔这些跳高运动名将，其速度素质训练时跑的长度也是较长的。通过一定的经验所得，单一进行过短距离跑的练习，并不能够有效地发展跳高运动员的速度素质。跳高运动员的助跑速度训练应包括绝对速度的训练和速度能力的训练两个方面。速度能力是发展绝对速度的重要基础，没有好的速度能力基础，运动员很难获得好的绝对速度水平。

有助跑技术要求的跑的训练手段首先表现为各种结合弧线的助跑练习，主要有由直线切入弧线跑、各种半径的圆圈跑和弧线跑等。直道切入弯30～40米加速跑是在各个阶段都有较大作用的速度素质训练手段。这个手段首先在距离上符合专项的特点，其次直道切入弯道的助跑方式也更接近跳高运动员先直线助跑后弧线助跑的特点，通过这个练习可以让运动员在快速助跑中体会身体的内倾。合理的内倾技术才能真正有利于在弧线上发挥助跑速度。

助跑节奏的训练是跳高运动员速度素质训练的一项重要内容，改进助跑节奏，目的是提高助跑速度。跨栏跑是跳高速度训练中常见的有效手段之一。为了加快助跑节奏，运动员还经常进行10～12步的助跑跳远练习，该练习与跳高的“神似”之处在于助跑的节奏和稳定性强，整个助跑过程跑的节奏越来越快，最后几步步长稳定、变化小，在此基础上主要依靠步频加快节奏，最后一步制动小。

全程助跑计时在专项提高阶段的作用明显加强，该练习的动作技术特征与专项极为相似：完全按照完整技术的轨迹跑助跑。通过每次助跑的计时，运动员可以掌握并形成稳定、精确的助跑节奏，从而有助于助跑动作的高度自动化。优秀跳高运动员每次助跑的全程速度误差不超过0.05秒。

各种短跑的专门练习、跑的练习、跨栏跑练习以及跳跃练习对提高运动员的速度素质起了很大的作用，但这些练习在动作技术的生物力学特征方面与跳高所需的某些方面仍有差异，如动作的方向等。所以除了进行助跑速度类的练习外，其他方面的动作速度也必须进行大量的专门训练。

二、动作速度类训练手段

动作速度类训练手段主要指的是起跳和过竿技术环节的动作速度类练习。起跳阶段主要是起跳腿的蹬伸速度、摆动腿的摆动速度和两臂的摆动速度。练习手段主要是各种原地快速摆臂练习、原地快速摆腿练习以及摆臂、摆腿的完整练习等。该练习的作用在于提高摆臂和摆腿的速度，同时提高腿臂摆动的协调性。在做这个练习时，要特别注意摆动的节奏：加速靠近支撑点，加速离开支撑点和减速离开支撑点。该练习可以原地进行，也可以上两步做，但都必须使腿臂的加速摆动与起跳腿的用力蹬伸同步出现。上两步做时，首先要明确摆动腿在积极用力蹬地后是以髋带动大腿加速前摆，当起跳腿踏上起跳点的瞬间，摆动腿屈膝折叠靠近起跳腿，这时膝关节的弯曲已接近最大程度，接着大小腿稍有展开，加速向异侧肩内扣摆起，同时起跳腿快速蹬伸，充分提膝、提踵，直至摆动腿突然制动。手臂摆动分为双臂摆和单臂摆两种。采用单臂摆的在起跳腿踏向起跳点时两臂仍自然前后摆动，随着摆动腿的摆动，起跳腿同侧臂由后向前上方积极加速上摆，摆动腿同侧臂顺势上举。采用双臂摆的随着起跳腿的放脚前伸，同侧臂交叉后引，而异侧臂像自然跑进一样向前摆出，但保持在相对较低的位置。当起跳腿同侧臂屈肘前摆时，双臂同时向前上方加速摆起。摆臂摆腿的模仿练习一定要注意规范练习的速度。通常为了控制练习的速度，原地练习时可以采取10秒计时的方法。

30米单足跳训练能帮助运动员提升蹬地速度和腿的摆动，进行该动作训练时支撑腿的踝关节要快速屈伸、脚掌要迅速扒地，腿臂摆动要协调。值得注意的是快速屈伸势必在充分蹬伸的基础上加快速度，练习的强度的始终也非常重要。教练员通常采用计时的方式来控制强度。由于练习的强度要求偏高，所以在基础训练阶段较少采用这种训练手段。

第九章 撑竿跳高

所有的运动项目都起源于生活和生产，撑竿跳高也不例外。据撑竿跳的运动流程和技术特点推断，这种运动应该与古代人类利用木棍、长矛等撑越障碍行为有关。据学者考证，撑竿跳高的最初雏形源自于一种撑越河流的游戏，这种游戏盛行于6世纪的爱尔兰岛。撑竿跳高成为一种比较成熟的体操项目，广泛地流行于德国的学校，现今能够查阅到的最早的撑竿跳高纪录为1.83米，这个纪录是德国一名叫布施（Busch）的人，于1789年创造的。现代撑竿跳高已经成为标准的田径运动项目，英国是现代撑竿跳高的诞生地。1843年4月17日英国职业选手罗珀（John Roper）在彭里斯越过2.44米。19世纪末开始流行于欧洲国家。撑竿最早使用木竿，最高成绩为3.30米；1905年开始使用重量较轻、有一定弹性的竹竿，最高成绩达到4.77米；1930年出现较为坚固的金属竿，运动员无撑竿折断之虑，可以提高握竿点，加快助跑速度，最好成绩达到4.80米；1948年美国设计制造出重量更轻、弹性更强的玻璃纤维竿，使用该竿已突破了6米的高度。撑竿跳高的横竿可用玻璃纤维、金属或其他适宜材料制成，长4.48~4.52米，最大重量2.25公斤。撑竿的长度和直径没有特殊要求和标准，基于安全考虑，表面光滑和强度是考量的基本标准。因此，运动员一般都自带撑竿参加比赛。男子撑竿跳高于1896年列入奥林匹克运动会正式比赛项目，女撑竿跳正式列入奥运会比赛项目的时间比较晚，2000年的奥林匹克运动会上才出现女子撑竿跳高。

第一节 撑竿跳高动作技术分析

撑竿跳高运动员运动成绩和重心上升高度具有高度相关，即重心上升高度越高的运动员其运动成绩越好，而重心上升高度和助跑速度、握点、横竿距离具有比较密切的关系。因此我们可以说握竿高度、助跑速度、腾起高度是影响运动成绩的关键因素，

一、握竿

随着撑竿跳高技术的发展和撑竿性能的改善，撑竿跳高运动员的握竿高度也在不断增长，运动成绩也随之提高。国内外优秀撑竿跳高运动员成绩主要在握竿高度上的差距，占相差成绩的71.4%。因此，当今世界优秀撑竿跳高运动员都尽力将握竿点提高到最大有效高度。而衡量运动员握竿高度是否合适的标准为：一般运动员应是单臂举高的两倍，世界水平运动员应再加上20厘米。撑竿跳高握点的提高是建立在一定的条件基础上的，即必须有足够的助跑速度。所以，我们国内的优秀撑竿跳高运动员要在发挥自己身体优势的条件下努力提高撑竿握点，同时也需要不断加强助跑速度的练习，以争取在不断提高助跑速度的基础上，来获得更高的撑竿握点，从而取得更好的成绩。

二、助跑

助跑是完成撑竿跳高后继动作的基础和关键，其主要任务是在持竿助跑将要结束时，达到可以控制的最快速度，同时也尽量减少插竿时助跑速度的损失。助跑速度是撑竿跳高运动的基础，是获得动能的主要阶段，也是取得优异成绩的必备前提。

我国男子撑竿跳高运动员在起跳时的腾起初速度远远低于国外运动员，同时水平速度损失率方面也远远大于国外优秀运动员。我们只有解决好水平速度损失过多这一问题，提高起跳时的腾起初速度，根据能量守恒定律，才有可能越过更高的高度。

撑竿跳高的助跑要求运动员在助跑中获得尽可能大的动能，因此对持竿

助跑的速度及步长要求非常高。运动员在助跑的最后一步适当缩短步长，通过积极下压起跳腿使倒数第一步的步长缩短，此时，运动员起跳脚接触地面时因制动所引起的水平速度损失小，运动员在起跳时就能获得尽可能大的水平速度。

最后一步步长比倒数第二步步长适当缩短10~20厘米是高水平运动员有意识的一种积极的起跳行为。如果运动员助跑最后两步步长变化不大，甚至出现“拉大步”的现象，这必将会影响运动员最后两步助跑的水平速度，也不利于运动员后继的起跳动作。一般情况下，在助跑的倒数第二步运动员开始进行举竿插穴，在此之前如果运动员已经达到了助跑最大瞬时速度，运动员就可以在适应自身助跑速度的情况下，把注意力转向举竿插穴动作，使动作连贯协调，以获得较好的起跳效果。如果运动员的助跑在倒数第二步还没有达到最大瞬时速度的话，运动员在继续加速的同时还要开始举竿插穴动作，导致动作显得急促、生硬、不协调，不利于运动员顺利完成降竿来过渡到插穴与起跳动作，使运动员无法发挥最大速度就开始后继的举竿插穴与起跳动作，最后必定会影响撑竿跳高的成绩。

三、起跳

起跳是撑竿跳高技术中最为关键的技术环节之一。起跳关系着能否将助跑中获得的动能尽可能转化为人体向上的动能和弯竿、竖竿的能量；同时，起跳动作的质量又关系着后继的悬垂摆体及竿上动作的成败。起跳动作要求举竿和踏跳必须同步进行，使身体充分伸展开，增加竿子和地面的夹角。起跳时，竿子和地面的夹角是竖竿角速度不可忽视的因素。因此，起跳时不仅双手要尽量把竿向上举，还应充分伸展身体推动竿子向前运动。而竿子的弯曲则是由于助跑和起跳的速度、摆体力量和人体质量等作用产生的。

起跳与插穴时间差可以反映插穴起跳技术的好坏。起跳与插穴时间差越小，插穴起跳的效果更好。插穴时间是起跳过程中从起跳脚着地到撑竿底端触及穴斗底部所用的时间，起跳与插穴时间差是用起跳时间减去插穴时间。优秀运动员的撑竿下端触及穴斗底部的时间相对较晚，一般选择在起跳阶段的后半期，即身体向前向上运动到足尖将离地时刻是插穴的良好时机。世界优秀撑竿跳高运动员如乌克兰运动员布勃卡、加陶林甚至采用先跳后插的起跳技术，即直到运动员腾起离地，撑竿底端才和穴斗底部接触，形成人在空中完成插穴。如果运动员在起跳尚未结束时，撑竿底端已经提前触及穴斗底部，这样，运动员在起跳结束时，撑竿下端已形成了过早的弯曲，这样就会导致运动员起跳不充分，使人体胸部与撑竿的距离加大，影响起跳的质量与效果，可能还会造成撑竿断裂，使运动员受伤。

四、腾起高度

运动员的握竿点到过竿高度这段距离称为腾起高度。腾起高度主要受其摆体阻力、引体前的后仰举腿成直体、仰天倒悬能力的影响。几十年来，随着撑竿跳高技术的发展和撑竿性能的改善。撑竿跳高运动员的握竿高度在不断增长，运动成绩也随之提高。

我国撑竿跳高选手与世界优秀选手在握高尤其是腾高上差距还是比较大的。而握高和腾高不仅是直接影响专项成绩的重要因素，也是衡量撑竿跳高运动员技术水平的重要指标。所以训练要在巩固现有握高的基础上，特别注重腾高，使运动员的握高和腾高达到协调的比例，从而提高撑竿跳高的成绩。

第二节　撑竿跳高训练

撑竿跳高各项素质训练是非常必要的，无论是力量、速度、柔韧性都需要进行加强，这对持竿、助跑、插穴、起跳、悬垂、摆体、伸展与展体、过竿等技术动作都有必不可少的作用。尤其是摆体动作、转体动作，更是体现出了力量的重要性。如果不能将相应的力量、速度等完美展现，就容易导致动作缺乏连贯性，空中动作松散，竿上无力，甚至会由于控制能力差而过早打开腿部过竿，导致腾起的高度降低。因此，对撑竿跳高的素质训练必须要引起重视，加强训练内容。

一、柔韧性训练

撑竿跳高项目对运动员的柔韧性要求很高，尤其是肩关节柔韧性要求更高。例如：如果撑竿跳高运动员的肩关节较硬，起跳时举竿高度和幅度就小，起跳就不可能充分，影响插竿节奏，在离开地面做悬垂、摆体时形成的“钟摆”动作将受影响，有碍于后面几个动作的完成。柔韧性的提高，有助于撑竿跳高运动员动作幅度的加大，对完成插竿、起跳、摆体、伸展技术环节的动作质量有所提高。因而，加强柔韧性的训练有着积极的意义。

1.肩部柔韧性练习

双臂压肩：双手扶一米高的肋木或杠铃杆，体前屈90°，有节奏地做压肩动作。

单臂压肩：一手上举扶住面对的杆子、柱子或树干。上体前倾做压肩动作，两边交替进行。

悬垂拉肩、转肩：悬垂于单杠上做收腹举腿，两脚穿过吊在杠上的两臂之间，做反身悬垂，进行拉肩。在吊环上，可以做正反两面的转肩。

单杆、吊绳悬垂摆体：悬垂于单杠或绳子上，不屈臂，以肩为轴后倒回旋，成倒立姿势。

转肩：两手握住棍棒、绳子或毛巾的两端，做前后转肩动作。

2.腿部的柔韧性练习

压腿：可采用体操的压腿法进行正面、侧面压腿。

踢腿：扶肋木正面，侧面大踢腿或行进式的正面、侧面大踢腿。

劈叉：正面和侧面，尽可能膝关节伸直。

撕腿：仰卧，帮助者压住其一腿，搬动其另一条腿，压向头胸部方向。

站立式体前屈：吸气时两臂上举或抱头，呼气时两手从体前放下，腰背要直，两手抱住膝后紧折成屈体，停住5～10秒，注意力集中在后腿的肌肉上。

坐式体前压：做法和要求同上，也可以由别人按住腰背下压。

二、速度训练

撑竿跳高这个项目发展至今，众多的研究表明，影响撑竿跳高成绩的两个关键因素是握竿高度和助跑速度。握竿高度跟运动员的助跑速度有着重要的联系，也在腾起高度起着重要的作用，助跑速度决定插竿起跳的速度，体现在撑竿的向前性，因此这两个重要的因素都和速度相关。所以对于撑竿跳高运动员的速度素质要求越来越高。因而，如何更快地提高运动员的助跑速度，是训练计划中的一个重要的任务。

1.短跑速度练习

站立式起跑练习：以最快的速度作站立式起跑，冲刺十几米；持竿快速跑（可负比自己训练重的撑竿）、负重杠铃片快速冲刺跑（将杠铃片放置于胸前）。60米计时跑、100米计时跑、150米接力跑。

2.专项速度练习

与专项越接近的动作，专项性越强，实效性越大。在撑竿的专项速度方面可采用这样一些方法：

第一种，在跑道上的练习。可在没有穴斗的跑道上，采用起跳距离的持竿计时跑衔接举竿起跳练习，也可采用40米、60米的持竿练习。助跑节奏在这样的练习中很重要。还可以采用快速悬垂收腹、快速单杆引体衔接短距离冲跑、快速曲臂撑衔接短距离冲跑等练习。

第二种，我们利用一些器械提练习。在吊绳上，可采用摆体技术来提高动作速度。方法是采用吊绳悬垂，上手臂伸直，下手臂成支撑动作一上一下，以肩关节为中心做回旋后成倒立。这样就迫使运动员以更大的力量、更快的速度去完成摆体伸展练习，还可以增加下肢的负重来增加摆体的难度和提高摆体的速度，目的是提高运动员的动作速度。也可以采用助跑的方式起跳抓绳衔接摆体，还可采用计时爬绳的方法。这样的练习也可在吊环上完成，要求一样。久而久之，可提高专项动作速度。

3.体操练习

单个练习：在垫上做前滚翻、后滚翻、后滚翻倒立推起、助跑前空翻、前手翻转体跃过一米左右皮筋。在做这些动作时，要有意识地加大速度，例如在规定时间内做10个或20个一组的前滚翻或后滚翻。经常练习对提高速度有帮助。

三、力量训练

1.垫上腰腹背练习

仰卧抱膝打开，要注意抱紧，注意收腹要快，手要到脚尖。但要求高速连续完成15～20次或者更多次数。也可以要求在单位时间内（如20秒）完成最高次数。身体成俯卧，手脚向两端伸展，形成直线，腰部贴在垫上不留空隙，全身用力，静止10～30秒。

俯卧挺身：上体与腿同时间后上挺起，注意膝盖伸直。也可请别人帮助压住小腿，上体用力后挺起。

推脚：动作者仰卧，双手抓住站立在自己头后同伴的脚腕，用力举腿，腰背尽可能不离地，膝关节伸直，落下时后脚跟尽可能不要落地，同伴则用力将其脚往下推，连续30～40次。

仰卧屈膝举腿：两手向后上举抓住垫边。举腿时，屈体需要叠紧，膝关节及小腿要碰到头面。

上下打腿或左右交叉：坐式，两手后撑，肘部伸直，两脚离地，直腰，动作时膝盖要用力伸直，打腿或交叉速度要快。

侧卧挺起：侧俯，请同伴压住小腿，上体向侧用力挺起，幅度越大越好。

2.用腰腹板练习腰腹力量

用腰腹板练习腰腹力量，效果好，进步快，因为腹肌板可以随意调整角度，便于练习时强度的控制，练习内容主要是仰卧举腿和仰卧起坐两个动作。

3.在肘木或单杠上做腰腹练习

提膝：从悬垂动作开始，膝盖用力向胸部上提，可顺次提膝，也可以在完成提膝动作后，伸直膝盖举腿，身体和腿成90°，保持10～20秒慢慢放下，反复做组数。

举腿：从悬垂开始，然后收腹摆体举腿，直到身体的髋关节至胸部部位贴住单杠上，成倒立，头部不要后仰，这个可以控制腿部的伸展方向。

4.弹跳力的练习

负重杠铃：双脚跳、交替跳、向上跳等。

跳上高处：可选择跳栏架、跳高台、40～60厘米。原地屈膝收腹跳、分腿弓箭步跳、两腿同时向后屈膝跳，可将这三个动作形成一个组合各5～10次，为一组。

沙坑多级跳：双脚跳、单脚跳；跑台级、跳台级。草坪或者软道的单双脚多级跳、一步起跳等。

四、耐力训练

目前的撑竿跳高的比赛竞争激烈，一场比赛从准备到比赛往往需要3～4个小时甚至更长的时间。这样的比赛对运动员来说，不单是比技术，也是在比耐力。而撑竿跳高的比赛高度是由低到高，越到最后往往需要更高的竞技状态去冲击更高的高度。当运动员进入疲劳状态失去耐力时，灵敏性、兴奋性就会下降，专项技术也会受到影响，进而影响比赛成绩。因此，撑竿跳高运动员在日常训练中，也要进行相应的耐力训练。

不管采用什么样的练习方法，都是为了克服人体内脏对运动强度氧气的利用率，让运动员一直保持较好竞技状态。除了在专项技术训练时增长专项技术训练课的时间，增加助跑起跳、过竿练习数量外，还可以针对性进行一些中长距离跑步练习，200米4～6人接力跑、400米、800米、1000米，半小时至一小时的越野跑，球类练习等，这样的练习每周可采用一次。在结合专项技术训练耐力时，要注意安全，长时间的训练会产生疲劳，应特别注意训练内容的选择，一般不要采用高难度动作，以免发生危险。同时，在疲劳状态下，动作易变样，因而对这一形式的训练要谨慎。专门的耐力训练，应放在训练课的后半部分。撑竿跳高运动员没必要进行极限训练，少年运动员不宜做强度大、时间长的耐力训练。

第十章 跳 远

第一节 跳远运动概述

一、跳远运动起源

跳远运动是田径运动中最为古老的运动项目之一，远在公元前776年古代奥林匹克运动会上就有了跳远比赛项目，公元前656年，斯巴达选手齐奥尼斯在跳远比赛中跳出的成绩相当于现在的7.045米，这是古代奥运会最高纪录。公元394年，古代奥运会因为种种原因被废止，跳远运动也随之销声匿迹。

二、跳远运动的国外发展现状

近代运动史上，跳远项目最早出现在英国苏格兰，在苏格兰1800年运动会上设有跳远项目。51年后跳远运动被列为正式比赛项目，地点在英国牛津大学的田径比赛上，从那以后跳远正式成为田径运动的正式项目。在近代社会比赛中，早期的跳远纪录是一名叫帕乌尔的英国人1860年在牛津大学创造的，成绩5.28米，这个成绩可以作为近代第一个正规比赛的原始成绩。当然，近代运动会中第一个被承认的世界纪录在不久后产生了，1864年英国人麦切尔跳出5.48米的成绩，被认定为世界纪录。从此跳远运动开始如火如荼的发展开来，跳远好成绩被不断地创造，新的世界纪录不断产生，1875年冰岛运动员劳尔跳出7.04米的好成绩，历史上第一次突破7米大关。1935年美国运动员杰西·欧文斯跳出8.13米，突破的8米的界限。25年后，美国田径运动员波士顿打破8.13米的记录，这一成绩为8.21米。在1968年的墨西哥奥运会上，美国运动员比蒙创造了被誉为下个世纪都无法被打破的世界纪录8.90米。但这一成绩在23年后的东京世锦赛上被美国运动员鲍威尔以8.95米的成绩打破了。参加同一比赛的美国运动员卡而刘易斯也以8.91米的成绩打破了比蒙的时间记录。

三、跳远运动国内发展现状

中国跳远运动的开展时间是比较早的，旧中国的第一届运动会上就设立了男子跳远项目，当时上海潘文炳跳出了19.5英尺，相当于现在的5.918米。查阅历史书籍不难发现旧中国的跳远成绩比较落后，关于跳远运动的记载也是少之又少，跳远运动的介绍当时仅在学校非常有限的体育课中略有介绍，当时并没有真正的跳远训练队伍。在1948年的第七届全国运动会上，上海运动员郝春德创造了全中国第一个男子跳远纪录，这一成绩是6.912米。此时日本成绩已经达到7.98米。这一成绩已经属于世界顶尖水平。新中国成立后，随着体育事业的蓬勃发展，跳远运动的发展也取得了巨大的进步和发展，1953年解放军运动员高树贵以6.93米刷新了旧中国的男子跳远纪录。1956年新的跳远全国纪录产生，张启山跳出了7.25米的好成绩，他成为中国第一位跳过7米大关的运动员。后来张启山又创造了7.53米的好成绩，刷新了自己的全国纪录。60年代，在我国体育运动“从严，从难，从实战出发，进行大运动量训练”的口号引导下，我国跳远运动员刻苦训练，奋力拼搏，冲出亚洲进入了世界先进水平之列。在这个时期，邓立行、黄智梧两人先后将全国纪录改写成7.54米、7.68米、7.72米，这使该项目我国的水平提高到了新的层次。但随着后来的“文化大革命”，我国的跳远运动进入了停滞状态，我国的田径运动训练水平在进入70年代后开始逐渐恢复。我国的跳远运动员经过多年的刻苦训练和研究，多次打破全国纪录乃至亚洲纪录。1981年，田径运动员刘玉煌以8.11米的成绩打破了亚洲纪录，因此他成为中国历史上第一位突破跳远运动8米大关的运动员。进入90年代，新一代跳远教练员冯树勇等人在总结原有经验的基础上，结合科研成果对我国运动员进行科学有效的训练，我国又涌现了陈尊荣、劳剑峰、黄庚等优秀跳远运动员。三人分别以

8.36米、8.38米、8.40米的好成绩相继打破全国纪录和亚洲纪录。这些优秀运动员的出现使中国再一次与世界接轨，进入到世界先进水平行列。但我国跳远运动的发展并不是一片坦途，1997年以后，由于运动员交替、训练方法更新较慢等一系列原因，我国跳远成绩出现了停滞。不仅我国男子跳远记录已经连续12年无人打破，当前我国的跳远运动员的竞技水平与世界运动员相比还有不小的差距。

第二节　决定跳远运动成绩的体能因素

一、一般体能

一般体能素质是一切竞技运动项目训练的基础，如速度、力量、柔韧、灵敏、协调，这些体能素质是开展所有运动项目必不可少的，可以说一般体能素质是所有运动项目开展必须具备的基本素质。专项体能素质是在一般体能素质的基础上，针对所开展运动项目的体能、动作技术要求所需具备的专项素质。专项体能是各运动项目的独特体现，也是取得各项目竞技运动优异成绩的强有力保证。某一专项的特点往往从运动员所具备的专项体能上显现出来，如跳跃类项目运动员有较强的弹跳力和爆发力，长跑类项目运动员有较强的专项耐力等。

一般体能是专项体能训练的基础，所有项目的专项体能都是在获得一般体能的基础之上获得并充分发挥利用的。以速度素质为例，如果没有较高的绝对速度能力，是不可能在跳远运动中给助跑速度的获得提供强有力支持的。所以在各项目的训练中应该以一般体能训练为基础针对项目特点着重进行专项体能训练，这样才不会产生空中楼阁效应，使运动员既有较强的身体素质基础又有符合专项要求的专项体能素质，最终取得并保持优异的运动成绩。

二、一般体能分类

1.速度

速度素质是人体进行快速运动的能力，速度素质是运动员最基本也是最重要的运动素质。我们平常所提到的速度是运动员的一般速度素质，而针对不同的专项则除了一般速度之外还有专项速度。

速度素质在不同的项目中有不同的表现形式，包括反应速度，如听枪快速加速起跑能力；动作速度，如铁饼运动员快速旋转的能力；位移速度，如运动员在单位时间内移动尽可能长距离的能力。根据各种运动项目的各自特点，我们不难看出，运动员各个运动项目的运动基本上是以上三种速度表现形式的综合体，单纯依靠某一项表现形式，动作是不可能完成的，而不同的项目这三种速度表现形式所占的比重又有所不同。比如在100米跑时运动员位移速度在很大层面上决定了比赛结果，但这个项目起跑加速时需要运动员的反应速度，而在完成每一步动作交替时则需要较快的动作速度。故此项目反应速度是前提，动作速度则成了完成比赛的重要基础。

考察所有的运动项目不难发现，各个运动项目的大多数动作都要求运动员快速完成，所以速度素质的能力在发展各个运动项目技术水平的过程中起到至关重要的作用。运动员良好的速度素质有利于快速有效地掌握动作技术，并能够提高动作技术的规格，为取得优异的成绩打下基础。运动员的基本速度能力也就是运动员的最大速度所起到的决定作用在不同项目中有不同的体现，对于单纯体现速度能力的运动项目，最大速度能力起到直接影响的作用，如百米跑；而对于有些运动项目而言，最大速度能力则作为间接因素的角色出现，在这类项目中要求最大速度的最优化，这样才能达到项目要求的最大效果。所以运动员速度素质的提高并不意味着专项运动成绩的必要提高。速度的形式必须与不同运动项目的需求相一致，这样才能够达到项目速度素质发挥的最优化。在跳远运动中，如果起跳踏板瞬间助跑速度过于接近最大速度，使助跑速度无法被运动员控制，会直接导致起跳动作变形、起跳不充分、起跳角度过小、垂直方向速度过低等一系列后果，最终直接影响身体重心位移的距离即比赛成绩。

2.力量

运动员的力量素质是指运动员身体内部各肌肉群在完成动作时与外界阻力进行对抗的能力，所以肌肉的力量是完成各种动作的前提。跳远运动作为体能主导类的运动项目，力量素质是决定其运动成绩之关键。除此之外，力量素质的高低还对运动员其他方面的素质产生一定的影响，如速度素质等，并且它还是全方位发挥和掌握运动技术的基础。力量素质在不同项目中有不同的表现形式和要求，大体分为最大力量、快速力量和力量耐力等。运动员的力量训练是挖掘人体在身体形态、遗传因素、肌肉群内部协调、肌肉相互之间协调、动作技术配合等各方面协调配合能力从而形成最佳协同整体的过程。

3.柔韧

柔韧素质是指身体内部各个关节软组织的弹性和伸展能力，包括肌肉、肌腱韧带。这一能力决定了关节活动的幅度和范围。影响人体柔韧素质的因素有很多，主要包括人体关节肌肉横截面积、厚度、关节的种类结构，此外还包括肌肉温度和肌肉力量。还与人的年龄、性别、健康状况有关。系统地提高柔韧素质对于预防运动损伤，改进动作技术质量，提高专项运动成绩有至关重要的作用，所以柔韧素质是所有运动项目训练过程中必不可少的内容之一。柔韧素质一般分为一般柔韧素质和专门柔韧素质，通常将人体几个主要关节的活动能力作为一般柔韧素质，以满足各个运动项目对各个关节活动范围的不同程度要求；专门柔韧素质也叫专项柔韧素质，是指不同的运动项目针对其关节活动的特点，对运动员的关节活动能力提出的不同于其他运动项目的特殊柔韧素质。所以专门柔韧素质是确保专项动作技术完整性和动作技术完成效果的重要因素。

4.灵敏

运动员灵敏素质是指机体在各种突变情况下，能够快速、协调、准确、敏捷地完成所有动作的能力。灵敏性是人体的运动技能神经反应和各项身体素质的综合性表现。灵敏素质一般分为一般灵敏素质和专门灵敏素质两大类。一般灵敏素质指的是在完成各种复杂动作过程中表现出来的适应正在发生变化的外部环境能力，如跳马、跳山羊等。专门灵敏素质是指根据运动项目所需，与专项运动技术有相当密切的关系，在完成动作技术时能够以最快速度适应正在变化的外部环境并能够迅速做出反应。乒乓球运动中接对方各个方向的突然发球或者扣球，跑步当中在即将失去平衡之前迅速作出调整维持身体平衡等。

5.协调

协调能力是指运动员在身体运动过程中，大脑调节与综合身体各部分动作的能力，协调性是一种综合性的能力，且很难后天获得，协调性集速度、灵敏、平衡能力、柔韧性等多种身体素质为一体，它充分反映了大脑皮层中枢神经系统对肌肉活动的协调和支配功能。

三、专项体能

1.专项体能的重要性

随着世界跳远运动的发展以及竞技运动水平的提高，模式化的训练已经成为保证运动员训练顺利进行并取得比赛胜利的重要手段。现代跳远运动的定量化是针对训练中的技术、负荷、体能等各项指标的量化界定，即除了跳远成绩决定了直接反应训练水平外，训练水平的好坏还由对跳远成绩起决定作用的各项指标高低来体现。跳远专项体能训练是运动员训练中的非常重要部分，运动员专项体能的提高是以基本体能的训练为基础的。要对运动员的专项体能训练的过程进行量化控制，从而建立与运动成绩密切相关的专项体能训练模型，这是训练过程中重要的前提条件。所以，建立优秀男子跳远运动员专项体能指标体系是当前跳远运动科学训练迅速发展的重要体现和客观要求，更是提高跳远运动员运动水平的重要举措。

2.专项体能指标

从理论论证来看，跳远的助跑速度与跳远成绩有着最为密切的关系，运动员的助跑速度快表明其运动单元所具备的能量较大，而起跳后的远度则是反应其能力高低的量度。也就是说，运动员将全程助跑所积累的能量完全转化为从起点到落地点间身体重心的移动距离。运动员身体质量不会改变，所以发生变化的只有运动员的速度。

另外跳远运动属于抛射运动，抛射远度主要取决于初速度和抛射角，跳远运动虽然不与机械运动完全相同，但它们所遵循的规律是一样的。所以跳远运动员起跳后的远度成绩取决于其起跳完成瞬间的起跳速度和腾起角度。然而运动员助跑最后阶段的水平速度和起跳的垂直速度又是决定腾起角以及腾起初速度的重要因素。所以根据这一规律，运动员必须保证在高速助跑这一前提下，通过高效率的起跳获得适宜的腾起角度。这一发展趋势是非常明显的。缺乏任何因素都不可能成功。从运动生物力学角度来分析，运动员的助跑速度取决于两个方面，一是运动员的绝对速度能力；二是运动员助跑过程中的绝对速度利用率。而腾起角度则主要取决于运动员的快速蹬伸能力，即运动员的快速力量能力。

四、专项体能的特点

1.跳远助跑阶段的特点和分析

跳远运动需要具备的是运动员在高速助跑下调节身体各部位准备起跳的能力，这就要求运动员既要有很好的奔跑能力，同时又要具备高水平的身体调节能力，故对跳远运动员速度能力的要求要比短跑运动员的速度要求高。跳远运动员首先要成为一名优秀的短跑运动员，既要有较高的绝对速度水平，同时又要具备很高的速度控制能力，从而在助跑速度利用率等方面达到理想要求。

我们经常说，一名好的跳远运动员可以通过训练成为一名优秀的短跑运动员，然而一名短跑运动员不一定能够成为优秀的跳远运动员。其中的理由不言而喻。因为最终达到的目标不同，各项目的动作技术规格也千差万别，跳远运动中的助跑与短跑中的助跑相比，从最终结果上来分析，跳远运动追求的是距离；短跑运动则追求速度。跳远运动是运动员腾空后最大限度地提高重心水平方向上的位移；而短跑则是运动员最大限度地提高自己单位时间内的位移。分析各径赛运动项目，与跳远运动助跑模式最接近的径赛项目当属100米跑，这两个项目都是在短时间内获得到身体位移最大速度的运动项目。但因达到最大速度后接下来的动作规格和要求不同，二者的助跑技术有着很大的差异，所以在助跑方面，100米跑与跳远运动助跑的动作技术规格要求有很大的差异，诸如加速方式、助跑节奏、最大速度等。

（1）加速方式

百米运动员从听枪瞬间快速积极的做出反应开始启动加速，要求在最短时间内加速到身体位移的最高速度；跳远运动员则在规定的准备时间内调整好状态后，利用有限的助跑距离进行加速。跳远运动的加速方式可分为两种：平稳加速方式和积极加速方式。平稳加速方式特点是加速开始阶段运动员步频相对较慢，随后随着速度的提高逐渐地加大步长并且在保持步长的基础上提高步频。这种加速方式持续时间较长，加速的平稳，是循序渐进的过程；积极加速方式与短跑的加速方式相同，其特点是从加速之初便使步频保持在较高水平，从而使身体较早摆脱静止状态且获得较高的合适的助跑速度。

（2）助跑节奏

随着各项研究的进行，百米运动员的加速技术更加符合运动生物力学和解剖学原理，使短跑技术表现出更明显的经济性和实效性。当运动员以最短时间加速达到最高速度后，其保持最高速度的技术结构形式非常稳定，即动作自然平稳、大步幅、高步频，身体重心上下起伏较小，有明显的节奏感。与百米运动员加速到最高速度动作技术所保持的节奏不同，跳远运动员的助跑节奏直接影响到助跑速度的获得和助跑点的正确性，所以跳远运动员助跑加速的步幅以及节奏对助跑的稳定性和准确性以及最大可控速度的获得至关重要。

（3）最大速度

跳远运动员加速完成后所获得的最大速度应该是在确保快速高效地完成起跳的前提下所保持的最大可控速度。在踏板前的一切动作都是为了快速有效地完成起跳，如果跳远运动员所获得的最大速度不能维持在相对稳定的范围内并且影响了最后的起跳，该运动员的加速过程是失败的。所以跳远运动员的最高可控速度的估量要因人而异，不但要考虑其最大速度能力，还要与运动员的腿部力量和跑跳衔接能力相挂钩，在助跑的最后阶段，要求运动员在达到最大可控速度的前提下保持甚至提高助跑步频，为快速起跳做好充分的准备。而百米运动员加速阶段结束后所获得的最大速度就不用考虑那么多的因素，运动员只要加速到最高速度，便可尽全力维持速度到达终点，在最短的时间内完成比赛。

（4）速度耐力

与短跑项目对运动员速度耐力的要求不同，跳远运动对运动员提出了精确速度耐力的要求，短跑运动员在最短时间内加速到最高速度之后，即可发挥速度耐力将最高速度维持到比赛结束。而跳远运动为了确保运动员准确地踏上20厘米宽的踏板，必须通过训练使获得最高速度之后有精确地维持最高速度的能力。在跳远助跑训练中单纯强调短跑中的速度耐力相比于固定踏板起跳的跳远运动来说是不科学的。

（5）助跑速度利用率

在分析运动员助跑特点的过程中，我们使用频率最高的一个词就是运动员的“助跑速度利用率”，助跑速度利用率直接评价运动员的助跑速度水平。运动员的助跑速度在助跑的整个过程中应该是有节制的，助跑的节奏也不能单纯追求快速达到最高速度的节奏，而是选择符合自身特点的加速方式。只有这样才能确保运动员在起跳前发挥出最大的可控水平速度，从而与起跳有机结合。如果在助跑过程中片面追求助跑速度向最大速度的无限接近，这会直接引起助跑速度失控。

2.跳远起跳阶段的特点和分析

跳远的专项力量是指，在高速助跑并且合理完成起跳动作的基础上，人体尽可能获得最大的垂直初速度和合理腾起角的能力。专项力量应该是指在空间时间等特征上严格符合专项比赛要求的力量。研究得知，运动员起跳时，起跳脚与踏板接触的时间仅有0.1秒左右，在如此短的时间内，运动员要完成起跳腿的屈膝缓冲以及快速蹬伸。所以起跳瞬间需要起跳腿具备很强的快速力量，只有这样才能快速移过身体重心，并通过快速起跳将水平速度快速地转化为垂直方向的速度，从而获得较为合理的起跳角度，保证身体在空中的滑行速度和腾空时间。因此跳远运动员专项力量的训练尤为重要。

国外运动员在训练过程中对于最大力量的重视程度相对要低，并且认为跳远专项成绩与运动员的最大力量能力没有较为明显的直接关系，最大力量只能作为快速力量能力相当重要的基础，而快速力量才能作为助跑速度以及起跳能力的决定因素。

所以在力量训练过程中，外国运动员更多的是进行快速力量训练，对于最大力量的训练，外国运动员的训练至多每周一次，练习的组数也只有15组左右。在练习手段上我国运动员较多的是在力量训练中采用抓举、高翻和深蹲三种训练手段，而国外运动员则较少的采用深蹲进行练习。第三，在训练侧重点上，我国运动员经常会把深蹲作为力量训练过程中的重要手段，而国外运动员则更加地重视半蹲和抓举的练习。在过去，我国许多运动员和教练员都认为高翻和抓举仅仅作为发展上肢力量的练习手段，并且对于上肢力量的发展重视程度不是很高，更多的将注意力放在了发展腿部最大力量的深蹲练习上。事实证明，这种认识有偏差，高翻和抓举两项动作的作用也都是主要发展腿部力量，与此同时抓举和高翻需要腿部、躯干、上肢都能很好地配合协调用力，而对提高上肢力量的作用并不大。对于跳远项目来说，运动员的全身协调配合用力能力非常重要，因此国外的跳远运动员对这一练习更加重视，除此之外，他们还非常重视采用合理的训练方式发展上肢力量。这样达到了一方面保持上肢下肢力量的协调发展，另一方面则充分利用上肢力量的提高使上肢力量在助跑和起跳的过程中都发挥出更大的作用。

（1）起跳阶段力量特点分析

跳远的起跳阶段特征主要表现为，在高速度的助跑下，运动员通过起跳腿积极的上板、快速地着地缓冲，通过强有力的支撑来克服巨大的支撑反作用力，结合摆动腿在相对不稳定的条件下快速有力的摆动的协调配合，瞬间完成爆发力的蹬伸，将人体的运动方向由水平转为抛射运动。

通过生物力学分析我们可以得知，跳远运动队运动员的踏跳力量即蹬伸力量要求是非常高的，通过力的反作用力原理我们可以得出，人体给地面的力量越大越快速，身体所接受的力量也越大越快速。运动员在起跳脚着地瞬间接受的地面反作用力值能瞬间达到800公斤，需要有较强的绝对力量能力作为基础。

跳远运动起跳阶段又分为两个阶段，缓冲阶段和蹬伸阶段，人体要在较大的反作用力下完成肌肉的快速退让性收缩，研究显示，起跳中的缓冲阶段占整个起跳阶段总时间的2/3，肌肉在缓冲过程中的反射性收缩效果取决于牵张反射，肌肉在瞬间被拉长的速度很大程度上决定着肌肉利用由于被拉长而储存的弹性能量的效率，主动肌在缓冲过程中被拉长的速度越快，其储存和利用的弹性能量也就越大，这个过程增加了神经系统冲动的发放频率和反射募集作用。所以应该加强运动员快速退让性收缩能力以提高缓冲速度，缩短起跳时间。在过去的研究中，很多教练员在训练时过度地强调起跳腿在蹬伸阶段的做功，忽视了缓冲阶段的快速收缩，在这样的理念指导下提高起跳速度的训练效果是达不到理想效果的。

在起跳蹬伸阶段，摆动腿和双臂快速有力地向前上方摆动，对提高起跳速度和起跳效果有重大意义。研究显示，摆动腿和双臂的摆动力量可达300～400公斤，这些力量通过地面的反作用力作用在运动员身体上，对运动员快速完成起跳动作并且保持腾空步快速蹬离地面有重要作用。

（2）腾空阶段专项体能分析

不论运动员腾空后采用何种空中姿势，都是为了减少身体在空中的向前旋转，保持身体在空中的平衡，从而最大限度地利用身体重心抛物线轨迹，把两腿充分向前伸出，为合理地落地做准备。通过对运动员腾空阶段特点的分析，结合核心力量的作用，我们得知，运动员在腾空阶段维持身体平衡的最直接决定因素也是核心力量。

第三节　跳远体能训练的专项化特征

运动员体能训练的专项化特征主要包括训练负荷的专项化特征、体能训练方法和手段的专项化特征、速度训练过程中的专项化特征以及专项力量训练过程中的专项化特征。深入研究跳远运动员专项体能训练的专项化特征在教练员、运动员制订训练计划并实施训练计划的过程中起到了至关重要的指导作用，能够确保训练的整个过程符合运动员个人状况，避免训练的执行过程不偏离训练的总体方向和主题。

一、训练负荷的专项化特征

一般体能，专项体能和专项训练是一个相辅相成，密切相互衔接的关系。专项训练的目的为了适应比赛的需要——在比赛中取得优异的运动成绩；专项体能训练时的负荷安排不能适应比赛的强度要求，就不可能取得理想的比赛结果；同时一般体能训练中的负荷安排不能适应专项体能时的大强度要求，则会降低训练的质量与效益。故跳远的一般体能是体能训练的基础，专项体能是体能训练的核心，而专项训练则是在运动员已经获得一般体能的基础上进行专项体能训练的媒介。

二、体能训练方法和手段的专项化特征

运动员为了适应高强度的比赛，训练中需通过各种方法手段实现外部表现（专项动作技术）和内部机制（体能素质）的完美结合。所以在训练过程中，需有效提高体能训练的质量和效益，特别是专项体能训练的针对性。合理训练手段的选取是决定训练成败的重要因素之一。体能训练手段必须符合人体生理、生化、生物力学特征，且与运动员个人特点相结合。如在跳远专项速度能力训练中，单纯地进行30米下坡跑速度训练，如果不结合运动员的助跑距离、助跑节奏以及助跑向起跳转换瞬间的身体动作规格进行速度贯穿与专项的训练，速度训练所取得的效果将很难顺利迁移到跳远专项中去。

三、跳远运动速度训练的专项化特征

跳远运动速度训练有其不同于短跑速度训练的地方，其专项体能的训练方法手段及要求与短跑训练有着显著的差别。跳远运动的专项速度训练除了助跑速度的专项化训练外，还有起跳阶段动作速度的专项化特征。不论运动何种训练方法，始终坚持一个宗旨：在可控速度条件下，通过训练措施，使跳远运动员助跑快、起跳动作速度快。

四、跳远专项力量的专项化特征

在运动员力量训练的过程中，训练要始终体现从基础力量到专项力量的转化的特征。如在进行负重训练时，运动员负重下蹲的重量由轻到重，再到轻，在整个过程中运动员动作完成速度应越来越快。又如安排负重与不负重相结合的训练中，由负重半蹲跳训练到连续跳栏架训练再到助跑多级跳训练，都体现了发展速度力量的专项要求。

第四节 跳远运动专项体能训练原则与方法

一、跳远运动专项速度体能训练原则

跳远运动员一般速度能力是专项速度训练的基础，故在训练中应首抓基本速度能力训练，在此基础上结合跳远运动的特点和专项体能要求逐步开展专项速度能力训练。速度训练过程中要遵循以下原则：

1.一般速度训练与专项速度训练有机结合

专项速度虽然是在一般速度训练取得一定成绩的前提下获得的，但是一般速度能力不能直接转化为跳远助跑的专项速度，必须充分考虑跳远运动员的特点，在一般速度训练的基础上，结合跳远运动助跑过程中的一系列特点，进行专项速度和一般速度的有机结合，这样才能达到专项速度能力的获得。

2.提高短距离加速能力

跳远运动的加速距离有限，优秀的比赛成绩与助跑速度是分不开的，故应该有目的地提高跳远运动员的短距离加速能力和保持速度的能力。

3.通过助跑训练加强运动员本体感觉体会

最常见的方式是运动员在教练的指导下，以个人平跑最大速度进行助跑练习，在此练习时运动员不必考虑踏板位置是否正确，仅为了获得在最高速度状态下进行助跑的本体感觉。该练习能够在提高跳远运动员助跑本体感觉的同时间接地提高助跑速度利用率。

4.适当的跳跃练习辅助速度训练

提高运动员的速度能力并不单单依靠各种跑的速度性练习，还应该考虑支持运动员在奔跑过程中各个肌肉关节协调用力和提高奔跑过程中各个部位动作速度的肌肉力量和协调性的提高。如奔跑过程中腿与胳膊的蹬摆所需要的肌肉快速力量等。很多运动员和教练员将速度训练的方式局限于短距离的速度练习，殊不知短距离的快速跳跃等练习对提高速度能力也起到了非常大的促进作用。因为这些快速跳跃练习增加了腿部快速力量，从而很大程度上提高了奔跑过程中两腿的蹬伸和摆动交替进行的速度，提高了奔跑过程中双腿交替的频率。

所以要适当地进行快速跳跃练习，增加腿部肌肉的快速收缩能力。如高频率的跨跳或者单腿跳等。

5.柔韧性和协调性的基础性练习

速度训练过程中要提高运动员动作幅度，就必须要有一定的柔韧和协调性，所以提高运动员髋部和腿部肌群柔韧性的相关练习也相当重要，所以要适当地增加提高髋关节和腿部各个关节柔韧性和协调性的专门性练习，以此来提高运动员奔跑中的步幅和动作协调程度。

二、跳远运动员专项速度训练方法

根据跳远运动员专项速度训练原则，针对专项速度的训练，有很多合理有效的方法可以使用，跳远运动员的助跑速度跟百米运动员的速度是不同的，它要求运动员有一定的助跑节奏，为了保证准确踏上宽仅仅20厘米的起跳踏板，并且能够保证较高速度进入起跳，我们在跳远运动员专项速度训练过程中除了发展绝对速度保证助跑速度利用率外，在运动员加速能力、保持速度能力以及助跑的节奏、步长、步频方面都需要下大功夫。也就是说，跳远运动员的助跑应该有非常强的加速能力，加速完毕后还要有相对较高的保持速度的能力，在加速和保持速度的过程中还要有稳定的节奏，而且应该具有很强的保持步长加快步频的专项能力。

以下是发展运动员专项速度能力的方法：

1.站立式30米跑、60米跑、100米跑

运动员短距离加速能力的最直接体现就是30米加速跑的速度，它提高的是运动员从静止加速，以最短的时间达到或接近最高速度。30米跑是检验跳远运动员加速水平的一项非常重要的专门能力。60米跑所反映的除了运动员短时间内的加速能力之外，还直接体现了运动员达到最高速度之后保持速度的能力。由此推出，100米跑除了反映跳远运动员加速能力和保持速度能力之外，其成绩的好坏还反映着运动员的各项快跑能力指标。故30米跑、60米跑、100米跑是跳远运动专项速度训练行之有效的方法。

2.通过各种方法保持（加大）步长，提高（保持）步频

由于运动身体形态的差异，其步长和步频均有各自的平衡，我们需通过训练使该平衡水平提高，即至少保持一项指标不变，另一项指标提高，从而达到新的平衡状态。因此有以下方法辅助运动员在助跑中的步长和步频达到新的平衡：高抬腿转加速跑、先下坡助跑再接平地助跑4到8步的练习、逐渐加速到最大速度的助跑练习、顺风助跑练习、腿部负重物快跑、拖重物加速跑、蹲踞式起跑加速、计时后蹬跑、计时高抬腿跑、上坡跑等，此外还以采用连续助跑跑过间距为1.5米到2米标志物的练习来发展运动员的步频。

3.全程助跑接起跳练习

前面的加速能力、保持速度能力，步长步频的训练都在为高标准的助跑打好基础。在训练过程中要有意识地进行助跑接起跳练习，过去我国运动员训练中的全程助跑练习比较少，而国外运动员一直以来非常重视全程助跑接起跳练习，鲍威尔每周的训练量能够达到全程助跑50次以上。所以在训练过程中，必须进行大量的全程助跑练习，运动员在全程助跑过程中将加速能力、保持速度能力等逐渐利用起来。运动员通过大量的全程助跑练习，形成适合自己特点的加速方式和助跑节奏，形成助跑的动力定型，保证踏板的准确性，确保起跳的顺利完成。

4.结合起跳动作的摆动练习

运动员的速度不仅仅包括体现移动能力的助跑速度，还应该包括起跳过程中的动作速度。运动员的快速屈膝缓冲和蹬伸需要以起跳腿的快速力量作为支持，与此同时，为了快速有效地完成起跳，摆动腿以及双臂的摆动则是确保快速起跳效果的关键，所以在基本力量训练的基础上要对摆动腿和双臂

的摆动动作速度和幅度进行训练。常见的训练方式为运动员模仿跳远起跳动作进行负重摆腿摆臂与不负重摆腿摆臂的交替练习，此类训练是运动员在保证动作规格和动作幅度的前提下，提高摆动速度，最终形成摆动动作的动力定型。

三、跳远运动专项力量训练

1.跳远运动员专项力量训练原则

不同的力量训练手段与方法具有各自的方向性，有的训练方式促进速度素质的变化较大，如较轻负荷的快速力量训练；有的训练方式则更容易促进最大力量的提高，如高抗阻力量训练。所以运动员所利用力量训练方法要根据专项不同进行合理的布置安排，教练员需根据专项特点以及运动员的个人特点选择与项目要求相契合的训练方法和手段，并且在力量训练过程中要遵循一定的原则。在以前的跳远力量训练过程中，经常强调绝对力量的训练，而忽略了与起跳效果息息相关的专项快速力量的训练。绝对力量作为跳远运动员起跳能力的基础固然重要，但就像助跑速度一样，绝对力量不可能自然而然地转化为跳远运动员起跳踏板瞬间所需要的专项快速力量。在一定程度上，最大力量过强反而影响跳远运动员专项快速力量以及速度能力的获得。所以运动员训练水平不断提高，其专项力量的训练方式也应该随着成绩的变化而变化。运动员的专项快速力量的训练应该与最大力量的训练相结合，或者说随着训练水平的提高，运动员专项快速力量训练所占比例要逐渐增大。因此在平时的训练中，更应该强调最大力量训练与专项快速力量训练的有机结合，并且强调在保持最大力量的前提下，增加快速力量训练的比重。

运动员在起跳瞬间起跳腿部肌肉力量转化的过程，在起跳脚踏上踏板时，由于踏板前的助跑作用，起跳腿会承受地面反作用力所产生的巨大的冲力，所以此时，起跳腿的伸肌将会在巨大冲力下被动拉长，做离心工作；当起跳腿离心工作结束，即缓冲结束后，快速过渡到蹬伸动作，此时起跳腿的伸肌会快速地进行收缩，做向心工作，最终在摆动腿和胳膊的摆动配合下共同完成起跳动作。所以在训练过程中应该仔细分析各个动作的规格，结合起跳各个环节动作的特点和要求，使力量的训练完全符合肌体运动的生物力学规律，在相互配合的过程中完成专项力量的训练。

在跳远运动中，运动员体内的所有肌肉包括主动肌肉、对抗肌肉、协同肌肉都是一个整体，如果肌肉在发力过程中没有相互配合，则不能使整个肌肉群的运动协调运行，从而导致不同肌肉群相互之间的对抗，动作速率自然会降低。如果通过训练时所有肌肉群的内部整体行动的能力有所提高，协调性增加，则能够保证动作快速有效地完成。所以通过一系列提高肌肉协调性的训练方式使肌肉内部的协调能够达到最佳化，也是提高快速力量的一个重要手段。不同力量训练负荷对肌肉的刺激不同，所达到的训练效果也有很大差异。其中大负荷力量训练对提高肌肉的最大力量有明显效果；中等负荷力量训练有利于增加肌肉的横截面积；而小负荷力量训练有利于肌肉力量耐力的发展。运动员快速力量能力是决定运动员起跳效果的重要能力，运动员在起跳时需要在极短的时间内克服体重完成起跳动作，所以采用大强度方法进行专项力量训练效果明显。

2.跳远运动员专项力量训练方法

跳远运动员专项力量训练在有些方面与速度训练是相契合的，尤其是在起跳瞬间，起跳瞬间要求运动员有快速起跳的能力，也就是说运动员必须具备较高的快速力量能力才能保证运动员的快速起跳，但起跳动作不仅仅包括运动员起跳腿的缓冲蹬伸能力还包括运动员摆动腿和双臂的摆动能力，所以此时的动作速度的基础除了运动员的专项快速力量能力之外，运动员还要具备较快的动作速度保证起跳各动作的紧密衔接，确保整个起跳动作快速有效地完成。

踏板动作是助跑和起跳相互配合相互衔接的关键环节，还原最后一步的踏板动作可以看出，最后一步踏板瞬间，当大腿下压快速踏跳的同时，小腿还应该积极地带着脚掌做快速的向后扒地动作，这样才能瞬间产生向后的移动速度确保助跑水平速度的延续。运动员要快速完成起跳，起跳腿就必须有快速踏板速度，而腿部肌肉中的臀大肌和股后部肌群在运动的过程中有伸大腿和屈小腿的功能，所以臀大肌和股后部肌群的收缩发力速度以及力量水平对踏板的时机和踏板速度以及起跳效果有重要的决定作用。

运动员在起跳瞬间起跳腿所做的工作是由离心工作快速过渡到向心收

缩工作的过程，并且为了达到快速起跳的效果，就必须快速结束踏板瞬间肌肉的离心收缩并迅速过渡到向心收缩的蹬伸工作中去。所以在快速力量的训练过程中，应该着重进行起跳腿离心收缩和向心收缩交替快速转换的动作练习，此类练习主要提高起跳腿肌肉由被动拉长到主动收缩的快速转换能力。所以说起跳腿以最快的速度完成与地面接触时的缓冲动作并马上开始蹬伸是获得最佳起跳垂直速度和水平速度，提高起跳效果的关键。

运动员的起跳并不单单依靠起跳腿的屈膝缓冲和快速蹬伸，靠的是各个环节的协调配合。专项速度练习的过程中已经提到对双臂和摆动腿的摆动速度加强训练有利于提高起跳效果，而摆动速度的快慢一定意义上是以力量为基础的。所以在训练过程中要加强摆动腿和双臂的力量练习，特别是配合与起跳动作模式相契合的摆动力量练习。从而为快速有力的起跳创造绝佳的条件。

3.跳远运动员专项力量训练注意事项

加深对快速力量、助跑速度和快速起跳能力与最大力量之间关系的认识。通过合理有效的力量训练结合加强全身各个部分的协调配合用力能力的发展。要加强上肢力量发展，以此作为助跑起跳过程中整个身体协调的强有力保障。在最大力量训练的过程中一定注意结合跳远运动跑跳用力的特点进行，从而使最大力量的提高更好地促进对起跳起决定作用的快速力量的发展。

第五节　跳远运动员的助跑

一、跳远助跑的速度

跳远助跑不同于短跑，跳远助跑的目的是在起跳时达到尽可能快的速度，并为起跳做好各方面的准备。正确的助跑技术应是身体重心相对较高，动作轻松，节奏感强，随着步幅加大和步频的加快而逐步提高；在起跳前两步达到最高速度，使运动员树立起跳板不是助跑终点而是助跑过程中的一点的概念；要积极向板进攻，在思想上要积极果断向起跳板“进攻”的意识。

最后两步不能突然加大损失速度；最后一步比倒数第二步小，为快速有力的起跳做好准备。这样就可以保持水平速度，更好地利用在跳远上。

由于在助跑过程中要求运动员不仅要发挥出个人最高或接近最高的速度水平，而且还要保证在助跑的最后阶段保持充沛的体力，以便在高速水平运动中有力地完成起跳动作，这本身就形成了一个矛盾，即要充分发挥速度，又不能把助跑距离无限延长。所以在跳远运动员的速度训练中，一方面注意发展快速跑能力，使速度水平得到充分发挥，另一方面注意发展运动员在较短的距离内迅速加速的能力，尽快发挥最高速度水平的能力。这两方面的能力是跳远运动员必备的专项速度素质。

二、跳远运动员助跑速度的训练方法

运动员在速度训练过程中应该注意以下几点：（1）跑的技术与短跑运动员略有差别，跳远运动员在跑时必须保持上体正直和高抬膝的动作；（2）短距离跑时，在最后阶段适当缩小步长和加快步幅为起跳做好准备；（3）短距离跑时在最后阶段步频明显加快；（4）运动员运动技能的形成均是循序渐进的，教练员应根据运动员身体特点、年龄以及掌握技术的能力制定合理的训练计划。

通过上述训练手段，可以改善运动员助跑绝对速度，提高运动员的助跑速度利用率，掌握正确的跳远助跑技术，减少跳远运动员起跳踏板时水平速度的损失。

三、跳远运动员助跑的节奏

跳远运动员的助跑节奏其实就是运动员对于自身动作和最大速度控制特点，其特点存在两个相关因素，分别为步长与步频。在训练过程中，被提到次数较多的是跳远助跑速度节奏与控制问题，这就要求运动员养成良好的自身控制速度的能力，拥有较好的助跑节奏，起跳前达到个人最大速度，并且为起跳做好准备。同时，良好的助跑节奏，有助于运动员准确踏板。跳远运动员需将最大助跑速度有效且准确地转化为起跳速度，这要求运动员养成适合自己的助跑节奏，从而提高信心，更好地发挥个人技术水平。运动员的助跑节奏需要长期重复训练才能使运动员快速且准确地踏板，因此教练员应根据助跑节奏训练的特点，在训练计划的制订过程中应多采用重复训练法。

助跑节奏的训练方法：

（1）下坡跑和顺风跑：进行长35～45米，坡度3～4度的下坡跑，利用向前的惯性或借助顺风的推动力练习速度。

（2）听节拍跑：原地或行进中做高抬腿跑，听到教练员发出信号后，突然加快频率跑6～8步。

（3）在助跑道上后六步每步之间放置标记进行全程助跑练习。使运动员在助跑最后六步必须按照一定的节奏助跑，有助于使助跑的最后六步接近平跑，克服运动员最后几步减速和拉大步幅的问题。

（4）在跑道上放置栏架4～5个，间隔8.5米左右，运动员连续助跑起跳过栏架。让运动员体会每个栏架之间的快速节奏。

四、跳远运动员助跑的方式

现代跳远比赛中，跳远助跑方式一般分为两种。一种为站立起动，助跑是从静止状态开始，积极助跑，控制身体跑动姿势，步幅和速度呈规律性变化趋势，容易控制步点，保证了踏板起跳的准确性。缺点是助跑时身体僵硬，不自然。另一种为行进间起动，在起跑点前有一小段的走、跑或走跳结合，待到起跑点时速度由慢到快逐渐增加，不容易控制身体姿势，相对而言容易发挥速度，身体姿态比较放松。

第六节　跳远运动员起跳技术

在跳远运动中，其进行的整个运动轨迹特征是非周期性的，起跳技术

是其中的关键，其也是运动员进行水平移动到抛射运动的一个过程转换。一旦运动员的踏跳时间准确，就能够最大程度地进行水平速度与垂直速度之间的转化。所以，在整个跳远运动中，起跳作为其中的一个关键部分，具有决定性作用。因此，起跳是跳远专项技术中另一个对成绩有重大影响的关键部分。

一、跳远运动员起跳技术分析

起跳速度和腾起角度对跳远成绩的影响，而影响起跳速度和腾起角度的关键就是起跳技术。

国内外大量研究显示，跳远项目比较慢的速度助跑，反而容易完成起跳动作。而速度越快对起跳技术与起跳能力的要求越高，难度越大。许多运动员的助跑速度与起跳能力不相适应，从而在起跳前降低助跑速度，以便能够跳起来，这样表面上看似乎好一些，但实际上是不能真正达到高水平的。因为我们跳远运动员的绝对速度水平本来就不高，如不能充分利用则不可能创造好成绩。所以解决办法是：在保持快速助跑的同时，努力提高快速起跳能力，做到在快速助跑中完成快速起跳。所以在发展运动员的绝对速度和助跑速度的同时，绝不能忽视爆发力和快速起跳的训练。

二、跳远运动员起跳技术的训练方法

跳远起跳技术是身体从助跑水平移动到抛射运动转变的关键技术环节，是有效地把助跑的最大速度通过踏板起跳腿的蹬伸以及摆动腿的积极上摆，产生获得最大腾起速度和腾起角度，而这个转变过程必须由起跳腿的蹬伸和摆动腿积极配合。因此在跳远起跳技术练习过程中，应加强起跳腿蹬伸力量以及摆动腿速度练习。

1.起跳能力训练方法

①踮步跳，②连续起跳，③助跑五级单腿跳，④助跑五级跨跳，⑤反应

速度起跳练习，⑥摆动腿动作速度练习，⑦牵拉摆腿向上练习，⑧助跑摸高和跳深练习。练习中特别注意提高动作速度，以便能和快速起跳相结合。

2.学习起跳技术训练方法

在掌握技术的过程中，传统的训练原则要求由易到难，由简到繁，由分解到完整。但有专家提出由完整技术到分解技术的观点，让运动员刚开始就学习掌握完整技术，然后采用分解技术来改进。

训练手段：①模仿练习，②上步起跳练习，③中、短程起跳练习，④3～5步连续起跳练习，⑤蹲踞跳跃练习。

第十一章 三级跳远

第一节 三级跳远的起源和体能训练

一、三级跳远的起源

三级跳远起源于18世纪中叶的苏格兰和爱尔兰，两者跳法不同。苏格兰采用单足跳、跨步跳、跳跃，而爱尔兰用的是单足跳、单足跳、跳跃。现规定必须使用苏格兰跳法。最早的正式比赛可以追溯到1826年3月17日首次举行的苏格兰地区运动会，比蒂（Andre Beattie）创造了12.95米的第一个纪录。比赛时，运动员助跑后应连续作三次不同形式的跳跃，第一跳为单足跳，用起跳腿落地；第二跳为跨步跳，用摆动腿落地；第三跳为跳跃，必须用双脚落入沙坑。男子三级跳远于1896年被列为首届奥运会比赛项目，女子三级跳远于20世纪80年代初逐渐广泛开展，1992年被列为奥运会比赛项目。

二、三级跳远的体能训练

体能、技术、心理、战术和智能是竞技能力构成的几大要素。传统观念认为：体能是基础，技战术是关键，良好的体能水平是有效地掌握、提高和发挥运动技战术的基础。但是通过对不同运动项目体能特征进行仔细研究后会发现，在高水平的竞技比赛中，特别是体能类主导的大部分项目中，体能的因素可以被看成是取胜的关键。在这些项目中完全可以用“技术是基础，体能是关键”的观念来诠释体能的重要地位。

三级跳远是一种快速力量类项目，以运动员助跑后连续三次跳跃的总水平距离为最终成绩，因此，速度和快速力量素质是运动员体能诸要素中的重中之重。以世界优秀选手的相关数据为参考，训练中应该结合国内选手的特点，有步骤、循序渐进地全面提高身体素质，建立合理的专项素质结构。在运动员进入到专项训练阶段后，虽然不同选手的身体素质、发育水平、技术类型不尽相同，但是运动员一般都处在专项训练初期，可以根据运动员的特点来全面提高身体素质，这是该阶段训练工作的重点。

身体素质的训练，应该遵循一定的原则，有计划按步骤地开展，才能够获得预期的效果。如果不科学地计划和实施，将错过身体素质发展的最好时期，将来到了高水平阶段，必然会受制于身体素质发展的不均衡而影响到成绩的提高。运动员在进入专项训练阶段后，首要的任务就是根据运动员的初始个人情况制定多年计划，分阶段、循序渐进地发展运动员全面的身体素质，提高体能水平。

第二节　三级跳远的具体训练

一、专项速度训练

速度是现代三级跳远运动的核心，是三级跳远运动员应具备的核心身体素质，根据苏联专家格乌兹夫的研究：三级跳远的成绩取决于助跑速度，取决于三跳中利用速度的程度。

从三级跳远的项目技术环节构成，我们可以了解：运动要想获得跳跃的远度，最基本的前提就是在助跑阶段获得合适的速度。运动在进入跳跃阶段前获得的助跑速度越大，其在跳跃阶段初期所具备的初始动能也越大，在跳跃角度一定的情况下，如果不考虑其他影响因素，初速度越大，跳跃远度越大。因此，运动的助跑速度，尤其是上板前的速度是决定远度跳跃项目成绩的首要因素。根据对多位选手的研究发现，选手的速度能力和专项成绩之间存在着较强的相关性。

根据人体生长发育的一般规律，速度素质发展具有明显的时间特点，即发展的敏感期。速度素质，尤其是反应速度和动作速度，在7～13岁之间发展速度最快，在此阶段对运动员进行速度训练成效最大。一旦错过了这个时间节点，要达到提高速度素质的目的，将需要付出更多的努力。三级跳远项目对于运动员的速度能力要求极高，因此，在运动员初选阶段就要对选手的速度素质进行重点关注和测试，以了解其速度水平和发展潜力。运动员进入专项训练阶段后，还应该对其速度素质训练进行阶段规划，明确每一阶段的训练目标，合理选择训练的方法、手段和对负荷的控制。

二、专项力量训练

力量素质是指人体神经肌肉系统在工作时克服或者对抗阻力的能力，力量的产生主要来自人体自身的肌肉收缩活动。依据力量素质和专项的关系，分为一般力量素质和专项力量素质。依据完成不同体育活动所需力量素质的特点可分为最大力量、快速力量和力量耐力。在运动实践中常谈到的爆发力，是快速力量素质的一种表现形式，是指已经产生张力的肌肉以最快的速度克服阻力的能力。

力量素质，尤其是快速力量是影响三级跳运动员成绩的另一个关键性因素。因此，力量训练贯穿整个运动生涯。

专项力量素质建立在一般力量素质的基础上，与一般力量素质密不可分。由于三级跳远技术的特殊性，需要运动员具备完成技术的力量能力，因此在发展力量素质时，应注意循序渐进，在全面发展力量素质的基础上，结合专项技术特征，进行力量训练，提高专项力量素质，为专项竞技能力的提高服务。

1.快速跳跃力量训练

分腿跳、收腹举腿、直腿跳这几种练习，可以有效地提升运动员的快速跳跃力量。在实际训练中，一般用其中的两个进行交叉练习，每次训练3～5组，每个练习重复6～8次为宜。在训练的过程中，用最大的力量和最快的速度向上跳，并且保持身体的直立。

三级、五级、十级立定或助跑四步单足跳，跨步跳，单、双足跳栏架，

蛙跳，跳深（单足，高度50～100厘米）接向前跳。每次选用其中2～3种练习，重复12～16组。在这个训练的过程中，要注意每一次跳跃之间的连续性，手臂在这个过程中也要配合跳跃完成，每次的跳跃为了达到更好的训练效果一定要尽力向前跳。

3米跳有两种训练方法：第一种是给一定的距离，让运动员以最快的速度最短时间跳过这段的距离，这种训练方法对提高运动员的快速力量有很大的帮助；第二种训练方法是给出一定的时间，让运动员在规定的时间内跳跃最大的距离，这就要求运动员每跳一步都要尽全力来完成，跳出最大的距离。这两种训练方法可以相互结合，最有效地提升运动员的快速跳跃力量。

2.专项持续力量训练

发展专项持续力量在发展三级跳远专项力量中起着非常重要的作用。训练过程中主要用到的工具是杠铃，双肩背负50公斤的杠铃呈弓步，双腿呈135°夹角，注意头部要抬起，双肩挺直。双肩背负30公斤的杠铃进行单腿跳台阶，在这个过程中一定要保持身体的平衡。双肩背负50公斤的杠铃做半蹲姿势控制40～50秒，在这个过程中一定要坚持，并且保持身体的稳定。双肩背负50公斤杠铃弓步快走。每次练习选用一种或两种方法，重复做5～8次，注意训练后做放松练习。

3.爆发力训练

爆发力是运动员三级跳远取得好成绩的基础，所以爆发力的训练也是三级跳远力量训练的一个核心。可以通过以下的训练来提高运动员的爆发力。

双肩背负50公斤的杠铃，准备40～60厘米的高凳，起跳腿踩在上面做蹬摆的练习，注意在过程中要维持身体的平衡，蹬摆要迅速有力。

小腿绑上沙袋，双膝跪在垫子上，迅速站起成直立状态。整个过程中身体确保正直，坐垫时脚尖要勾起。

在跳箱上以摆动腿跳下，快速着地，接跳过栏架练习。要求摆动腿跳下时用全脚掌积极主动着地，过栏架时要收大腿，举小腿，脚尖勾起朝上。每次选用以上2～3个练习，重复15次左右。

在以上三种训练方案中，每周选用其中2～3种，训练3～5次。

第十二章 铅 球

铅球起源于古代人类用石块猎取禽兽或防御攻击的活动。现代推铅球始于14世纪40年代欧洲炮兵闲暇期间推掷炮弹的游戏和比赛，后逐渐形成体育运动项目。铅球的制作经历了用铁、铅以及外铁内铅的过程。正式比赛男子铅球的重量为7.26公斤，直径11~13厘米；女子铅球的重量为4公斤，直径为9.5~11厘米。早期推铅球没有固定的方式，可以原地推，也可以助跑推；可以单手推，也可以双手推；还出现过按体重分级别的比赛。

最初采用原地推铅球技术，后逐渐发展到侧向推、上步侧向推。20世纪50年代，美国运动员奥布赖恩发明背向滑步推铅球技术，该技术被称为“铅球史上的一场革命”。70年代，苏联运动员巴雷什尼科夫发明旋转推铅球技术，由于旋转后难以控制身体平衡，至今只有极少数运动员使用。比赛时，运动员应在直径2.135米的圈内，用单手将球从肩上推出，铅球必须落在落地区角度线以内方为有效。男、女铅球分别于1896年和1948年被列为奥运会比赛项目。

第一节 铅球力量训练的理论基础

一、力量分类

关于力量的分类，不同的专家和学者会从不同的角度进行划分：有的从符合大小的角度划分为最大力量、基础力量、快速力量、力量耐力；有的从专项的需求划分为最大力量、快速力量、力量耐力、反应力量；有的从肌肉的工作方式划分动力性力量和静力性力量；有的从表现形式划分为绝对力量、相对力量、快速力量、力量耐力；有的从与专项的关系划分为一般力量和专项力量。

铅球运动员的力量划分为一般力量和专项力量，从铅球项目最相关的力量素质而言，可以将一般力量再次细分为专项力量和快速力量，专项力量中并不包含爆发力和最大力量，而是特指进行特定的专项活动时肌肉收缩产生的力量大小，其专项力量训练特指严格按照专项运动方式、运动速度、肌肉收缩形式和收缩力量，尽可能模仿专项活动的力量练习。

二、力量训练的方法

力量训练的方法众多，目前意见较为一致的是根据肌肉的收缩形式划分为静力性练习、等张收缩练习、离心收缩练习、超等长练习、等速练习等。

静力练习在相对不疲劳的情况下提高肌肉力量，具有一定的优点，能够稳定关节，预防运动损伤，不仅对提高最大力量作用较大，还可以发展静力性力量和静力性耐力。生物学研究证实，静态力量是动态力量的基础，静力性练习正是发展静态力量的有效手段之一。然而现在众多的专家学者指出，静力性练习存在一定缺点：第一，力量增加只是针对某一特定关节角度起作用，容易产生血压的急剧升离，对有心血管疾患的运动员而言，可能导致致命的心血管意外；第二，静力性练习时，肌肉活动的条件与动力性练习时迥然不同，因而两者所训练的力量不完全一样，由于各种运动项目的绝大多数动作均要求快反应、高速度、爆发式地完成，以及高度的灵活性和机动性，所以过多地使用静力练习法会妨碍动作速度和协调性的发展。

等张收缩是指在恒定负荷下张力相等的收缩。人体由于存在关节，关节角度的变化会导致杠杆力矩的变化，会造成力量在不同的角度的不平衡性，因此在不同的关节角度举起相同的重物，其肌肉的张力是不同的，但是我们在运动训练的实践中还是经常采用。

等速训练是利用一种专用器械（等动练习器）进行力量训练的方法，只要练习者尽力去对抗，就能保证在整个活动范围内，肌肉均能受到最大负荷。安排等速训练应注意以下几点：每周训练以2～4次为宜；训练周期至少6

周或6周以上；要结合专项特点进行练习，训练时完成动作的速度应尽可能和专项运动动作一样快或更快；每一种练习应保证做2～4组，每组最大力量做8～15次（负荷较大时）或15次以上（负荷较小时）。

离心力量在体育运动中有重要作用。如起跳后的落地缓冲、投掷、运动过程中突然改变身体的运动方向等，都要有良好的离心力量素质作基础。离心性力量练习的优点：有利于改善力量练习中出现的力量增长停滞的现象；速度较慢的离心性力量练习，更有利于肌肉体积的增长；速度较快的离心性收缩，更有利于肌肉爆发力的提高；离心性力量练习时，使最大肌肉力量得到明显的改善。

拉长收缩练习指以肌肉弹性和牵张反射使肌肉在最短时间内发挥出最大力量的练习活动。根据拉伸肌肉的作用力的特征，将超等长练习分为冲击式与拉弹式两类：冲击式是以跳深为典型代表的一类超等长练习，迫使肌肉拉长产生离心收缩的力是从高处落下时对人体产生的冲击力；拉弹式是指在练习中，迫使肌肉拉长产生离心收缩的力使异侧肌群快速收缩产生的牵拉力或是克服身体器械的重力。

三、力量训练的原则

力量训练的原则是指导力量训练的根本准则，具有普适性，要求我们在运动训练的实践中要遵守，否则就容易出现损伤或者运动成绩的下降、身体肌肉的不平等。通过总结，将力量训练的原则归纳为以下八种：

第一，渐增负荷的原则，力量训练要求循序渐进地增加负荷量，这样符合人体力量增长的规律，特别对于青少年运动员和刚开始进行训练的运动员。

第二，超负荷原则，这是指当运动员的力量有所增加时候，必须增加负荷，这样才能够对机体形成更深的刺激，才能刺激肌肉力量的增长。

第三，专项性原则（SAID原则），运动训练项目的不同，那么力量训练的方式和方法就不同，要根据项目的需要选取相应的训练方法。其中在运动训练时间中，教练员主要采用以下几种肌肉训练的方式训练运动员：1.改善神经支配能力的练习训练方法为最大力量的90%以上，1～3RM，重复4～8组，组间休息3分钟；2.使肌肉增粗，发展肌肉力量的练习负荷强度为6～12RM，重复4～8组，组间休息2分钟；3.不明显增加肌肉体积，有效提高肌肉力量、速度和耐力的练习，负荷强度为15RM，重复2～3组，组间休息2分钟；4.发展肌肉耐力的练习，负荷强度为30RM或至力竭，2～3组，2分钟。

第四，体能训练与个人特点统一的训练原则，竞技体育中尤其是顶级运动员的训练要具有个性化，根据运动员的实际情况去选择。

第五，平衡原则，这里的平衡主要是原动肌与对抗肌力量平衡、两侧肢体同名肌之间力量平衡、大肌肉群和小肌肉群之间的平衡。

第六，全面性原则，这是指要全面训练各种肌群，不能有所偏颇，主要包括大小肌群，原动肌、对抗肌和稳定肌，单关节和多关节等无弱链。

第七，经常性原则，力量训练要经常进行，这样已经获得的力量才能保持，否则就容易消退。

第八，手段多样性原则，当今的科技较为发达，要采用各种先进的训练器材和手段，形成综合效益，防止力量训练出现平台期。

第二节　专项力量训练方法和手段

投掷铅球的过程，是先准备姿势，再不断加速，到最大速度时将球推出，要取得好的投掷成绩，这个过程速度必须要快，这就需要肌肉具备较强的力量和速度，即肌肉的爆发力。从解剖学角度分析，影响肌力的主要因素有肌力的生理横断面和长度。通常采用附加各种阻力的动力性练习和静力性练习课来增大肌肉的生理横断面，而通过适度的拉伸练习课来增加肌肉的长度，这样就可以从两个方面使肌力得以增强。在铅球专项力量的练习初期，必须循序渐进，先做一些小负荷的练习（约为最大负荷量的一半左右），再逐渐增加到最大负荷量。为了提高爆发性的肌力，应以能用最快速度做练习为原则，如用自己最大负荷量的75%～85%，以最快速度的4～6次或用接近最大负荷量的85%～100%进行推铅球动作的练习。其中有一点需要强调是，身体运用多余的肌肉力量，非但不会提高运动成绩，反而会影响运动成绩。

因此在专项力量练习中，要使身体各部位肌肉的合力方向与投掷铅球的施力方向保持一致。下面介绍几种有效的练习方法：

1.摆腰

用来增强运动员的转体能力，具体动作是：双膝微屈，双手握住杠铃片，杠铃片与身体的距离越大越好，之后躯体左右转动，幅度要大，速度要快。开始时用65％的强度，快速反复做10～20次，渐次增加强度减少次数，共做6～8组。

2.卧推

卧推的关键是握距。最理想的握距是与肩同宽，这样，在练习的时候，力的方向就会与铅球投掷的方向一致。在做卧推时，一般做5～10组，有效组数要做6～8组。有效组数是，在当天训练中最大强度的80％～90％。高水平选手应能卧推起220公斤左右。

3.全蹲和半蹲结合

腿是投掷铅球的发力根基，因此铅球运动员的腿不但要有劲，更要有爆发力。全蹲练习，运动幅度过大，虽然能够充分地拉伸肌肉、增强肌力，但实际运动中较半蹲动作更少使用。在做半蹲动作时，屈膝角度要比推铅球时的角度大10°，屈伸方向要与腿部发力方向一致，这样才会使腿部的爆发力更集中，投掷距离更远。

第十三章　铁　饼

第一节　铁饼的起源和发展

铁饼起源于公元前12~前8世纪古希腊人投掷石片的活动，英文discus。公元前708年第十八届古代奥运会列为五项全能项目之一。铁饼最初为盘形石块，后逐渐采用铜、铁等金属制作。

现代奥运会史上，曾有过双手掷铁饼的比赛项目（左手+右手）。掷铁饼技术经历过原地投、侧向原地投、侧向旋转投、背向旋转投几个发展过程。铁饼可用木料或橡胶等其他适宜材料制作，男子铁饼重2公斤，直径22厘米；女子铁饼重1.0公斤，直径18.1厘米，中心用水填满。比赛时，运动员应该在直径2.50米的圈内将饼掷出，铁饼必须落在40°的角度线内方为有效。2002年《田径竞赛规则》规定，从2003年1月1日起，铅球、链球、铁饼项目落地区标志线的内沿延长线的夹角，由原来的40°改为34.92°。男、女铁饼分别于1896年和1928年被列为奥运会比赛项目。

铁饼运动是在投掷圈内通过旋转，用单手将铁饼掷出，比赛投掷距离的比赛项目。它有着悠久的历史，早在公元前776~前393年的古希腊五项运动中，就有投掷铁饼比赛。希腊雕刻家米隆于公元前5世纪创作的“掷铁饼者”雕像，成为铁饼运动早期发展的历史见证。1896年，男子铁饼在第一届奥运会上被列为比赛项目。1897年，首次出现了旋转掷法。1912年，国际田联统一了铁饼的重量和规格。1928年，女子铁饼在第九届奥运会上被列为比赛项目。

世界上第一个男子掷铁饼的正式成绩是1896年在第一届奥运会上创造的，成绩是29.13米（铁饼重量不详）。以后，年年都有提高，世界男子掷铁饼纪录已提高到74.08米。

女子掷铁饼在1928年第九届奥运会上才被列为正式比赛项目，当时的成绩是39.62米。1952年，有人用新的背向旋转投掷方式取得了很好的效果，并以57.04米的成绩创造了当时的世界纪录，这引起了世界各国掷铁饼运动员和教练员的重视。1980年，女子掷铁饼的世界纪录已提高到71.50米。

第二节 铁饼力量训练

一、力量素质与专项成绩的关系

力量是进行专项训练的基础，一般性力量训练多是肌肉训练，属于一般素质，它不能直接转为专项运动素质。只有通过专项训练，才能使投掷者的专项能力水平在专项动作上表现的肌肉力量达到很高的程度。若在力量训练过程中合理地结合各种组合投掷，既是发展投掷功率的大好时机，又是及时转化成专项能力的需要，同时也大大提高了力量素质水平的利用率。所以说，提高力量素质水平不一定能保证专项运动成绩的提高，只能提高成绩的基础，只有与专项训练协调地组合起来，才能有效地提高整体协同作用和专项投掷水平。

二、一般力量与专项力量的关系

一般力量训练多是以肌肉训练为主，它往往在一些动作中都能表现出很大的力量。而对那些涉及铁饼专项技术的动作却起不到明显作用。这主要是因为一般力量素质不能直接转移为专项运动素质。只有通过专项力量训练，才能使运动员在专项动作和水平上表现出的肌肉力量能力达到较高水平。由此可见投掷铁饼运动的专项力量训练是至关重要的。现代运动训练的发展趋向表明，越是高水平的运动员，其专项力量和专项能力训练的比率就越高。因此要选择那些专项练习结构和运动员肌肉用力性质相类似的练习内容，才能使专项力量素质有效地从一个动作转移到另一个动作上去。

三、快速力量的重要性

快速力量是发展和提高动作速度的基础，它与技术的加速度节奏、自下而上地快速协调爆发用力和提高运动成绩是密切相关的。若力量和快速力量结合起来进行训练，不仅能促进最大力量素质水平和力量速度水平的提高，而且也比单独进行快速力量训练更能收到倍增的效果。只有通过快速力量训练，才能把获得的各种力量能力转换成另一种所需要的能力。这就是一些中外专家把快速力量视为投掷运动的“生命”和“前途”的真正原因。发展快速力量的有效方法是各种跳跃练习，如立定跳远、多级跳、纵跳、连续跳栏架、单足跳和跳绳等。在完成这些训练时，要强调动作准确、有节奏和快速爆发用力，才能收到良好效果。

四、专项力量训练途径和方法

在掷铁饼运动中，最大力量是基础，快速力量是核心。力量训练与运动量的合理结合是非常重要的。快速力量是受最大力量、爆发力和起动力量制约的，只有三种力量素质都得到发展，快速力量才能提高。在掷铁饼动作中，肌肉用力都是在特定时间内、特定方向以及特定用力程度上进行的。

专项力量是专项的基础，是为专项服务的。而专项力量与专项能力是直接为专项技术服务的。所以，找准专项力量训练手段与训练方法是铁饼运动员力量训练中的关键。掷铁饼的专项力量训练又根据不同的训练水平和层次分为专项基础力量、专项技能力量和专项投掷力量：专项基础力量主要是指完成专项技术动作需要的最大力量和最大功率，主要的训练手段如抓举、挺举、高抓、高翻、快挺、卧推、半蹲、深蹲、蹲跳、跳深、蛙跳、立定跳远、立定三级跳远、多级跨跳等；专项技能力量主要是指完成技术动作需要的最大功率和爆发力量，主要的训练手段如转体、仰卧扩胸、杠铃轮摆、连续转髋、仰卧单臂挥片、连续挥片、原地鞭打、肩负杠铃片旋转、徒手连续旋转等；专项投掷力量主要是指完成专项技术动作需要的爆发力量和速度力量，主要的训练手段如投壶铃、后抛铅球、前抛铅球、高抛实心球、旋转推实心球、侧抛铃片、投重器械、轻投器械、对网投胶球等。优秀铁饼运动员在训练方法和手段的采用上，依训练内容和性质的不同，呈现出合理分化与有机综合相统一的特点，铁饼运动项目的专项力量训练手段和方法是多种多样的，教练员可根据专项需要选择行之有效的适合运动员个体的训练方法与手段，以此来提高运动员的专项训练水平。教练员和运动员在训练过程中应特别注意一般力量训练与专项力量训练相结合，专项力量训练与专项技术训练相结合，训练手段的合理搭配直接关系着专项成绩的提高。

第三节　力量训练注意事项

一、力量是基础，技术是核心

建立一个正确的概念，力量是基础，技术是核心。体育运动的各种形态无不体现出力量和技术的协调统一。没有力量内容的技术是无源之水，而脱离技术的单纯力量观点也是无本之木。只有通过不断完全掌握合理的技术，才能体现和充分发挥出各项素质的能力，进而提高运动成绩，这才是唯一正确的途径。那种忽视技术，企图通过提高力量和专项能力来提高成绩的做法是本末倒置，要想提高有很大的局限性。现代运动实践表明，在很短的时间里使力量达到较高水平正是导致那些没有对技术引起重视的运动员成绩停止不前的原因。

二、提高力量的利用率

把力量训练与专项投掷相结合。把最大力量、快速力量与小力量训练和专项投掷结合起来，采用轻、标准、重器械进行组合专项投掷，可使力量能力转化到专项能力上去，这就是体现在专项能力上的力量，也是功率训练的最好时机，其后继效果也好，不仅专项技术得到了巩固和提高，并能较长时间地保持已获得的能力，同时也是把赛前力量训练与专项技术相结合。

三、与速度力量相结合

力量训练与各种跳跃相结合是提高速度力量的有效方法，比单独做跳跃练习所获得的效益更大。首先跳跃练习是介于杠铃力量和爆发性练习之间的独特“桥梁”，通过跳跃练习可转化成所需要的素质能力。其次是项目的转换，中枢神经系统建立许多兴奋灶，并且很快建立起促使“绝对力量”向“爆发性力量”做新的转化，同时对提高肌肉的弹性和加速恢复都有特殊作用。例如跳栏架、跳深、台阶跳、立定跳远，以及各种单、双足跳等。

四、抓好侧重点

初级选手必须以技术为中心，使力量和专项训练协调起来。男队员侧重于下肢和躯干力量，女队员侧重于抓好躯干力量，这不仅利于掌握技术，还利于控制动作和改进动作节奏。青少年则注意发展脊柱和骨盆牢固连接的那部分肌群及旋转动作的肌群力量，对以后进行专项训练有重要作用。高水平运动员除完善技术外，主要是围绕提高爆发力和专门能力进行力量训练。

五、多种力量素质协调发展

力量、速度力量等素质水平的提高，不单是保证运动水平的提高，当与其他素质协调起来后可起到力量的主导作用。如果过分发展最大力量和快速肌群，会引起躯干和下肢肌群力量的下降，造成技术失调而引起成绩停滞不前。不少运动员的实践已说明了这一点。所以不能忽视小肌群的力量训练，如手指、腕关节屈伸、足底肌、脚掌的转动练习和对抗肌的练习。任何一个动作的完成必须有原动肌、协调肌、固定肌和对抗肌参加，否则其动作会失调，产生错误，影响整体效果。运用不同的动作节奏进行力量练习，例如快慢结合，可以改善和提高肌肉之间收缩的协调。在发展力量过程中应注意其专门性、超负荷和可塑性三个关系的处理，即抗阻力、动作速度和重复次数。

第十四章　标　枪

在远古时代，人们为了生存，创造了类似标枪的长矛来打猎。在奴隶社会长矛又成为一种原始武器。公元前708年第十八届古代奥林匹克运动会中的五项全能运动就有投掷标枪比赛。

近代标枪运动的发展大约开始于18世纪末和19世纪初。1792—1897年间，在瑞典、希腊、匈牙利、芬兰等国的一些地区相继出现了标枪比赛。当时的标枪无论在结构、重量，还是比赛规定等方面并无统一的要求。这一时期的标枪运动具有相当浓厚的区域特点，交流程度低。同其他运动一样，随着时代的变化，掷标枪技术也在不断演变与发展。

最初运动员使用的木制标枪前后一样粗，20世纪50年代初，美国标枪运动员赫尔德（Franklin Held）研究出两端细、中间粗的木制标枪，延长了标枪在空中飞行的时间，因而被称为“滑翔标枪”。

60年代瑞典制造出金属标枪，使标枪的滑翔性能更强，大幅度提高了运动成绩。1984年民主德国运动员霍恩以104.80米的成绩打破世界纪录。国际田联为保证看台观众的安全，于1986年将男子标枪的重心向枪尖方向前移4厘米，以降低飞行性能，1999年又将女子标枪的重心向枪尖方向前移3厘米。

标枪可用金属或其他适宜的类似材料制作。男子标枪重800克，长260～270厘米；女子标枪重600克，长220～230厘米。比赛时，运动员必须单手将标枪从肩上方掷出，枪尖必须落在投掷区角度线内方为有效。男、女标枪分别于1908年和1932年被列为奥运会比赛项目。

第一节　标枪的力量训练

标枪是投掷项目中最轻的器械，标枪掷出，器械的出手速度成为运动成绩的主要因素之一，而器械的出手初速度又取决于投、搓力量的大小和整体动作速度。在爆发力的因素中，力量是主导因素，标枪运动员的训练需以身体素质全盛发展为基础，仅依靠技术是完全不够的。没有很好的身体素质水平，特别是力量素质，将很难获得最大的出手速度。正确认识力量训练的内涵和分类，对力量训练手段的选择、科学地进行力量训练以及保证训练的顺利进行有重要意义。

一、标枪力量训练的重要性

力量是人体通过肌肉产生收缩或张力来克服一定阻力的能力。在标枪项目中，力量是取得优异运动成绩的重要因素，它既是速度、弹跳、灵敏、柔韧的基础，又是掌握技术的必要条件；对于技术掌握较好的运动员，发展力量也是进一步提高运动成绩的手段。如果技术和其他因素相同，谁的力量较好，谁就能取得较好的成绩。在掌握专项技术的前提下，力量与专项成绩是成正比的，是同步提高的。力量对标枪运动员是非常重要的。从生理学和解剖学角度看，青少年运动员骨骼发育是骨骼柔软、弹性大、易变形，肌肉生长较有弹性，收缩和伸展的幅度较大的。但由于少年时期的大肌肉肌群发育较早，小肌肉群发育较迟，因此在训练中应以快速力量训练为主。速度力量素质是最难提高的素质之一，因为它受先天遗传的因素较大，但可以通过后天来发展和提高。比如世界优秀标枪运动员苏联的鲁易斯13岁时，小石块能投130米，而当时他并没有掌握较高的投掷技术。据统计世界90米以上的标枪运动员（旧标枪），少年时小垒球投远都在110～130米，这提示我们，少年标枪运动员的训练应以发展速度力量为核心。

二、标枪力量训练的方法

循环训练法指根据训练的具体任务，建立若干练习站（点），运动员按照拟定的顺序、路线依次完成内容，周而复始地进行训练的方法。在训练中，练习小肌肉群的力量训练多采用此方法。根据不同任务、不同内容，每周可安排1～3次，每组6～10站，循环3～5组。这种训练方法间歇时间短，各站的内容不同，易产生兴奋性，既能提高兴趣，又能较好地发展力量素质。

间歇训练法是指在次（组）练习之后，严格控制间歇时间，在机体未完全恢复的情况下进行下一次练习。标枪运动员多采用大强度间歇训练法，负荷可达本人最大强度的90%以上，每次负荷练习的时间相对较短。这种方法对提高运动员的无氧供能能力、发展速度和速度耐力有很大作用。练习之后应采用积极性休息方式，做些轻微活动（如慢跑式走等），可加速乳酸的排除，提高心血管系统和呼吸系统的机能。

超等长训练法指能够引起一个牵张反射、超量、离心或向心收缩的练习。主要包括以下几种方法：各种快速跳跃练习，不同高度和形式的跳深练习，持枪做节奏跑、交叉步跑等。

自身体重练习法是指利用各种形式和要求以克服自身体重采用的训练方法。这种方法很有效，因为对神经负担小，易学、易练，对速度、弹跳也有一定的效果。采用的方法如下：俯卧撑、立卧撑、俯卧的交换跑、跑坡、仰卧起坐以及各种跳跃练习等。每周可安排2～4次，每次3～5组，每组10～15次为宜。

专项力量练习法指在比赛中承受主要负荷量的肌肉群练习法。该方法在动作结构、动作形式和用力特点上与专项动作主要部分接近，在标枪项目训练中占有很大的比重，应贯穿整个训练过程中。

第二节　标枪专项力量训练

以下为几种我们国内常用的专项力量训练方法：

（1）上肢专项力量训练方法击掌

俯卧撑：俯卧于地面，两手和两脚支撑于地面，两手分开与肩同宽，两脚并拢。开始做时，两手逐渐弯曲成上臂与前臂夹角为90°，然后迅速撑起，两手推离地面瞬间击掌，击完掌后两手迅速着地接着做下一个。要求击掌快，两个动作之间迅速连贯，身体要保持一条直线，两脚尖要始终接触地面。每次练习的组数与次数要根据运动员的水平来确定，要不断上升组数与次数，做到不断超越每一个阶段的训练负荷。与之相适应的练习方法有：引体向上和立卧撑。

（2）躯干专项训练方法

仰卧负重收腹练习：身体横卧于跳箱或者海绵垫上，手持重物或腿绑橡胶带，两腿固定或两手固定做收腹弯曲上身或收腹举腿动作。要求：收腹或屈上身收腹快，快回时缓慢放下，上身或下身不能触及跳箱或海绵垫，身体始终保持紧张的状态。绑胶带或手持重物是要由轻到重，始终遵循循序渐进的原则。与之相适应的练习方法有：肋木上悬挂收腹举腿练习、仰卧两头起、负重转体、站立手持重物绕环。

（3）下肢专项力量训练方法

深蹲练习：并排放置间隔距离相同、高度不同的跳箱，运动员跳上第一个跳箱并快速跳下，然后迅速跳上下一个跳箱，再迅速从跳箱上跳下并迅速跳上下一个跳箱。要求采用循环练习法，不间断。跳箱的个数和训练的组数要根据运动员的训练阶段来确定，要充分利用肌肉的离心收缩原理，组间间歇要充分。与之相适应的练习方法有：单足跳、双足跳、蛙跳、跨步跳、后蹬跑等与跑跳相关的练习。

（4）全面专项力量训练方法

助跑投掷手榴弹（或接力棒）：与投掷标枪相类似的助跑、引手榴弹（或接力棒）、交叉步、最后用力。要求：助跑速度快，引手榴弹（或接力棒）迅速，最后用力出手速度快，投掷动作做完后要迅速做好缓冲，防止超越投掷弧出现犯规情况。

第三节 标枪速度节奏训练

速度节奏是指身体各个环节在完整技术完成过程中，按一定的顺序表现出来的动作的快慢、用力的强弱、时间的长短、肌肉紧张与放松的时间间隔交替等方面。合理的速度节奏能体现人体各环节严格按照一定顺序完成动作时的速度变化，保证完整技术动作的连续性和加速性，提高最后用力的效果。而标枪是田径运动中技术较为复杂的项目，它必须具备较强的速度，尤其是在投掷过程中的速度的合理运用，因此加强标枪技术完整技术动作的速度节奏训练，是提高标枪技术发展的一个必然趋势。

标枪技术包括持枪—持枪预跑—投掷步跑—最后用力—出手缓冲。而这一过程的目的，就是最大限度地利用人体全部能力来努力提高出手的初速度，并把这一理想的高速度迅速转移到标枪上去，把预跑、交叉步跑、最后用力和出手初始条件等因素进行最佳组合，提高助跑速度和速度的利用率，获得最合理的最后用力前的姿势（形成上体充分超越器械的姿势），加大用力工作距离，缩短用力时间，提高出手初速度。

标枪的持枪助跑是由持枪预跑和交叉步跑两部分组成，其动作技术过程中表现出的由慢到快的加速性特点，有明显的速度和节奏变化。

预跑阶段：预跑阶段主要是加速度由慢到快，要求大腿抬得较高，后蹬力量强，动作轻快而富有弹性，持枪臂随着跑的节奏与左臂配合，自然前后摆动，并与下肢动作协调一致，在加速中进入投掷步（交叉步）。

交叉步跑：交叉步一般分为五步，速度一步比一步快，交叉步要求摆动有力，快速向前。它的加速是靠下肢的快速蹬伸交叉来提高速度的，步幅是大—小—大—小，第一步稍向前上方，可以提高重心，便于后三步的节奏更快、更强。交叉步过程中上体逐渐后倒形成充分的超越器械的姿势，人枪合为一体，更利于速度的发挥。助跑阶段的速度节奏感就是：速度由慢到快，预跑高重心富有弹性，交叉步要敏捷、快速、紧凑，重心平稳。

过渡阶段的速度节奏：它是连接助跑和最后用力的桥梁，是投掷标枪完整技术中的关键环节，它充分利用助跑阶段获得的速度，把它转变为最后用力的加速度，所以它的速度节奏非常重要。交叉步结束左脚落地的瞬间，右腿积极蹬转，推动右侧髋部向投掷方向转动，使髋轴超过肩轴，同时髋部牵动着肩轴向投掷方向转动，与此同时，投掷臂积极向上转动带动前臂、手腕向上翻转，当上体转为正对投掷方向时，形成了“满弓”姿势，而这一过程都是在保持高速度的同时迅速完成的，它的速度节奏主要靠下肢及髋部完成的。

最后用力阶段的速度节奏：最后用力时，首先加快下肢的运动，靠助跑获得的速度向上传递，加上左侧的制动和髋向前形成的力偶进一步加快髋部和躯干部沿左脚支撑点向前蹬转的速度。此时弯曲的左腿要迅速而有弹性地蹬伸，同时胸部尽量向前做爆发性的“鞭打”动作，使全身的力量通过手臂、手指迅速作用于标枪纵轴，标枪离手的一刹那，手腕、手指的积极动作（抖腕、拨枪）能使标枪沿着顺时针方向转动，保持枪在飞行中的稳定性，提高标枪的滑翔效果，从而得到优异的成绩。这一阶段速度达到最高潮，力量也最大。

第十五章 田径运动后备人才培养

第一节 田径后备人才相关概念的界定

在相关的体育论文中“后备人才”一词频繁出现，但却很少有人对后备人才进行一个明确的定义。《体育人才学》一书中将体育工作者的工作性质为标准，将体育人才分为体育竞技方面的人才、体育教练方面的人才、体育教育方面的人才、体育科技方面的人才、体育行政管理方面的人才、体育裁判方面的人才六种，可见，上“后备”则是还在培养中的以上六种人才。赵桂银、王正欧还将体育竞技人才定义为:“在体育竞技领域内，专门从事运动训练和参加体育竞技比赛的人才。”体育界的后备人才与我们日常所说的一般后备人才有所不同，首先体育后备人才需要满足热爱体育运动的前提，重要的特点是具备良好的运动能力和达到高水平的潜力，最终还是需要能够有条件并且坚持长期的、专业化的体育运动训练和比赛的人，才能叫做体育界的后备人才。毕红星在其发表的论文中对竞技体育方面的后备人才定义为:“在身体和心理上具有较高水平运动能力的潜质，能接受系统的训练并参与相应的正式竞赛，具有取得优异成绩可能性的个人。”综上所述，体育后备人才应当具备两个方面的特点:一是有较高的运动水平，二是有经过训练而取得优异运动成绩的可能的人。

田径后备人才从所属关系上讲，应属于竞技体育后备人才的一部分，特指田径项目的后备人才，在相关文献中，对田径后备人才的明确定义并不多。陈广在他的博士生论文中提出:“田径竞技后备人才是指在身体和心理上具有运动能力的潜力，并且正在接受科学、系统的田径单项或多项训练，参与过一定数量的运动竞赛，在未来田径项目上具有取得优异成绩可能性的个人。”国家体育总局田径运动管理中心在《国家田径单项奥林匹克高水平后备人才及基地管理办法和实施细则》中对相关的“后备人才”给出了明确的定义:“‘后备人才’是指经国家体育总局田径运动管理中心组织的专家督导组认可，满足某一单项的评定标准，且骨龄合格的12—17岁的田径运动员。”综合两种观点:陈广所提出的定义可以理解为广义的田径竞技后备人才，而国家体育总局田径运动管理中心的文件则是指经过量化标准认定的国家田径单项奥林匹克高水平后备人才，但国家体育总局田径运动管理中心定义“后备人才”的量化指标是依据我国青少年田径项目运动水平而变化的动态指标。本书所研究的“后备人才”为后者。

第二节　国外田径后备人才培养概况

很多体育人才培养成果较好的国家的后备人才的培养对我国竞技体育后备人才的培养而言有着可借鉴之处。国外较成功的体育后备人才培养模式特点可归结为三点：第一，管理模式和思想观念形成一致；第二，以学校为载体，体育人才培养成为教育的一部分；第三，注重人的全面发展。

美国当之无愧是现在的竞技体育世界第一强国，美国在多项竞技体育上的强大地位，很大程度上要取决于其有效的后备人才培养。美国竞技体育人才的培养是以学校为载体的成功典范，在各级学校中均设有专门的体育运动机构，在激烈的竞争联赛中促进运动训练水平的提高。由于各个学校均设有体育运动的专门机构，如社团、球队等，因此在中小学阶段，即运动员的初级选材阶段，有近三分之一的美国少年均被以这种形式列入选材的行列中，美国通过立法，为体育运动成绩优秀的学生提供了很好的在校地位，同时由于学业压力不大，学生有相对充分的时间进行体育锻炼，还为体育成绩优秀的学生提供高额的奖学金，保证其训练和完成学业。另外，美国的体育文化和对体育的意识为竞技体育的发展提供良好的氛围，美国国民对竞技体育热爱已经达到狂热的程度，在美国竞技体育被推崇为“第二宗教”。俄罗斯的竞技体育后备人才培养同样有成功模式的经典案例，但与美国的培养模式相差较大，而与我国的培养模式相似，是以专门的体育运动学校为培养单位，

地方政府拨款、国家体育运动与旅游委员会筹集资金，以及各行各业对体育运动学校的赞助为主要资金来源，以多级多次的青少年体育运动竞赛为竞争促进运动训练的投入和科学化，及以俄罗斯各单项协会与奥委会牵头进行管理和监控的模式。德国体育后备人才培养的主要特点和成功之处得益于其发展了200多年的体育运动俱乐部，在德国，体育运动俱乐部是培养青少年运动员的主要场所，规模较大的业余体育俱乐部都有青少年部，负责青少年和后备体育人才的培养，体育运动俱乐部同时也是营利性机构，培养出的运动员直接参与高度市场化的联赛，因此对青少年运动员的培养实质上是对俱乐部的未来投资，俱乐部会运用先进的训练手段促进运动员的成绩增长并注重长期发展。日本政府对群众体育的重视度很大，很多政策用来扶持群众体育和学校体育。日本学校内的青少年体育俱乐部队伍十分壮大，各项青少年体育比赛开展火热并且组织管理完善，集体训练多，团队意识强等，凡此种种，皆是日本培养竞技体育后备人才的特点。澳大利亚在建立培养高水平运动员的培养体制方面，主要从两方面着手:一是政府的资助，政府资助一部分培养能力强的个人或单位；二是运用市场机制，鼓励个人和培养单位自行寻求合法的资金渠道，拓展经费来源，增强培养高水平运动员的自我造血机能，建立良好的激励机制。韩国的竞技体育后备人才由政府教育和体育部门、财团、企业联合培养，国民体育振兴公团，为优秀的青少年后备人才支付特别奖学金。

可见，关于世界体育强国的后备人才培养现状的研究表明，上面这些世界体育强国在体育后备人才方面各有特色，但共同之处是政府或主管部门制定有利于培养后备人才的政策，培养单位和运动员个人采取多种渠道提高培养质量。此外，各国都很注重青少年体育兴趣的培养，让其从小就接触体育运动，喜欢体育运动，获得更多体育参与机会，养成终生运动的习惯，将学校体育和竞技体育有机地集合。美、德、澳等国平时都采用俱乐部的形式培养体育后备人才，然后在大赛前期，再采用国家队集中训练的培养模式，这样既节约了人力、物力、财力，又有利于运动员培养自我管理能力。此外，国外竞技体育后备人才培养体制的组织结构和该国经济发展水平、政治制度以及社会和文化环境相互适应，形成了具有本国特色的体育后备人才培养体制。

第三节 国内田径后备人才培养概况

2001年时，袁伟民同志在全国体育局长工作会议上强调:“后备人才的培养是竞技体育发展的战略性问题，其核心是年龄和技术的衔接。”钟秉枢、潘迎旭在《我国竞技体育后备人才培养可持续发展理论分析》中提出:“目前我国竞技体育后备人才的可持续发展问题，尚未良好地解决，已经成为制约我国竞技体育一大重要问题。”

我国现阶段竞技体育后备人才培养的体制是常说的举国体制，举国体制的雏形，形成于20世纪50年代初期。在当时，社会主义经济由计划经济占绝对主导地位，在此背景的影响下，体育部门建成国家队、省市专业队和业余体校代表队的三级代表队，形成“思想一盘棋、组织一条龙、训练一贯制”的高度集中的训练体制。我国现行的三级训练体制在训练队的高低级别上分为三层，分别是国家队，即最高级级别；省、市、自治区运动代表队为中级级别；基层体校、业余体校、传统体育学校、中小学校组成的第三级别训练队。但也有学者认为普通业余体校属于中级形式，因为与其他中小学校不同，其培养目标就是优秀运动员。综上所述，三级训练体制是在逐级地为最高级——国家队输送和培养人才。我国的训练体制为我国竞技体育事业创下了很多的辉煌成就，它的成功之处在于高度集中的训练和资源利用，李春雷（2001）在他的博士论文《对中国竞技田径运动可持续发展的研究》中提出“在1993—1996年的奥运会周期中，我国361名世界冠军中的90%曾在上述训练网中接受过基础训练”。我国的“三级训练体制”源自前苏联，马特维耶夫在《竞技运动理论》中对前苏联竞技体育训练制度总结时说“在苏联形成的对优秀运动员的一整套培养系统，至今仍然是世界上最先进的优秀运动员培养系统之一”，“三级训练体制”集中了人力、物力、财力到高水平的运动领域中，对高水平的运动发展起到了积极作用。

孙汉超在《对我国运动项目系统管理的思考》一文中指出“成材率是向上一级竞技项目组织输送运动员的人数和训练人数的比例，衡量一级组织系统作用大小的基本指标”。目前我国的“三级训练体制”面临着成材率偏低，运动员出路不畅、训练科学化不高等问题。虞重干等在《我国竞技体育可持续发展的现状与存在的问题》一文中对我国目前的“金字塔”模型的培养和训练体制作出结论，他认为，“我国竞技体育队伍的金字塔塔基过宽，塔身过大，金字塔塔型比例失衡，高投入、低产出是造成后备人才缺乏的主要因素”，低产出即低的成才率是造成基层体校招生困难，导致后备人才缺乏的主要因素。陈先良等认为，“在市场经济条件下，我国青少年原有的业余训练体制逐渐形成的内部和外部矛盾日益严重，已经成为阻碍青少年运动员成材的主要因素之一，青少年业余训练体制的改革迫在眉睫”。国家体育总局政策法规司在2003年的《体育发展战略研究与学科建设》中指出“衔接的二线队伍比例过大。研究发现，从我国1992—1999年优秀运动队的运动员总量来看，平均维持在14 000人左右，保持相对的平衡。但每年平均吸纳新运动员只有1 922名左右，仅占在训青少年运动员的1.3%，就是说有98.7%的后备人才要另找‘出路’”。俞继英认为，“这种现象至少说明两个问题，一是成材率低，出路及运动员转业困难，导致三线队伍不足，将会影响日后竞技体育人才的数量和质量。二是二线队伍，主要指专业体校畸形扩大，其中含有大量‘水分’”。

竞技体育的角逐实质上是竞技体育人才的竞争，归根结底是后备人才的竞争。初级和中级训练形式向高级训练形式输送运动技术人才，是三级训练体系基本的作用。竞技体育后备人才的数量和质量直接关系到竞技体育可持续发展的规模与质量。在充分肯定我们在竞技体育后备人才培养上取得成绩的同时，更应清醒地看到目前竞技体育后备人才在培养的科学化意义上仍然存在着种种欠缺和不足。

第四节　我国田径后备人才培养的研究

一、关于田径后备人才培养体制的研究

田径后备人才培养体制的科学化水平直接影响着田径后备人才培养质量，间接影响运动训练的效果。所谓运动训练管理体制，是运动训练管理的组织机构设置和权限划分及相应管理制度的总称。我国田径后备人才培养结构主要还是三级训练体制，高级、中级和初级训练形式，目前国家队仅在需要备战重大运动会时集中集训，其余时间运动员多在各自的省队进行训练；中级后备人才主要是指各地方体育运动学校以及高校的附属竞技体校，主要任务是培养和输送体育后备人才包括教练员和科研人员；而初级后备人才培养单位主要是指体育传统项目学校、中小学运动队等，主要任务是让小队员认识体育，培养对体育运动的兴趣和爱好，进行初步的选材和技术训练。我国田径后备人才培养研究主要集中在中级和初级培养体制上，第一是体校的培养上，目前体校的发展主要存在以下困难：一、招生不畅导致田径后备人才不足，经费主要由上级拨款导致经费短缺，不重视文化学习导致学生科学文化水平过低，成材率低，转项问题严重。教育系统的学校课余训练体系还仅仅处于类似兴趣班的级别，学校组建田径队伍的原因是为了给学校增添荣誉。李春雷博士指出:“我国的青少年业余体育训练已形成庞大的体系。为中国竞技田径运动培养了一批又一批后备人才。但由于体委和教委双轨制之间的隶属问题，使得现在中国竞技田径项目后备力量薄弱的问题也日益突出，原有的田径项目三级训练网的近乎解体，逐级输送的制度遭到破坏。”我国的田径竞技体育训练体制虽然取得了很多辉煌的成绩，但随着体育科技的发展和国外体制的冲击，越来越多地显现出了问题，特别是在竞技与教育的相互支持，专业和业余的连贯衔接等方面，目前已经在一定程度上制约了我国田径事业的良性发展。严德一在《影响中国竞技体育后备人才资源开发的主要因素》中指出:“后备人才的培养主要在于选材和进行初步的技术、全面

身体素质训练，为将来打好基础，其‘出口’是输送。后备人才输送渠道不畅、输送难，就会导致资源积压和浪费。制约我国竞技体育后备人才输送的主要原因是管理问题。所以，对现行竞技体育管理体制进行改革，找出实际的方法来解决后备人才向上一级输送的问题，实现人才输送的规范化，并为运动员长远发展打算，才是解决现在运动员‘出口’问题的关键”。王刚在《关于我国高水平田径后备人才培养机制的探讨》中指出:“由于现有培养机制的影响，地方体校大多只注重自身短期利益，其训练和比赛不是‘揠苗助长’，就是‘弄虚作假’，严重违背科学训练和公平竞赛原则，导致大批优秀少儿田径选手运动寿命过早夭折；目前大多数的地方体校都面临着经费不足的困难，致使招生工作和训练工作进展困难，有些体校甚至面临关闭的危险；多数地方体育运动学校不得不只重视运动员的成绩，而忽视了运动员的长期发展问题和文化教育水平，导致即便输送到上一级，运动员也难有大的发展。由于观念落后和人力所限，对田径运动的宣传力度不够，对田径运动的组织缺乏应有的创新，对广大青少年已越来越缺乏吸引力，从而导致基层少儿选手的不断减少。潘前在《中美体育后备人才培养体制的初探》中建议走体教结合的道路:（1）在继承原体制的优点的基础上保持一线队员的专业化，保持少数项目的优越性，提高劣势项目的竞技能力；（2）二、三线队伍实现学校化，使体校和专业队的二、三线运动队转入相应层次的普通教育体系；（3）以国家队、职业队和大学生队为龙头，学校与体育局和教育部门联手，大力发展学校运动竞技，尤其是学校的课余训练，制定、建立和健全业余训练政策和机制，能够保证得到全国大中小学的重视，激励更多的学生投身于新体制下的业余训练。

综上所述，我国田径后备人才的培养依然以“三级训练体制”为主体，但在基层体校的培养上，体校的田径后备人才不足，经费短缺，体校学生知识储存量较低，体校学生的出路等问题制约着体校的发展。因此，完善我国田径后备人才的培养体制以及解决当前突出的重点问题，对我国田径运动的发展来说是势在必行之事。

二、对田径基层教练员培养的研究

杨再淮、俞继英通过对教练员们的研究得出结论，“目前国家竞技体育工作的一部分重点工作是提高教练员的整体业务素质，通过各级体育局和各种体育机构的努力，教练员的整体水平已经有了很大提高。但由于竞技体育在不同地区的发展不平衡以及人们认识上的差异，在业余体育教练员的学历教育与岗位培训方面还存在一些有待解决的问题：1.基层体育学校的教练员整体素质依然不高，2.教练员的学历结构和教练员的业务培训成果有待加强，3.培训教材的创新及师资队伍有待加强，4.市场机制不健全。打破大锅饭、铁饭碗，实行教练员聘任制，这是教练员制度改革的必然”。谭锋、张进武指出:“基层体校田径教练员队伍的年龄结构较为合理，但教练员在学历、职称结构上仍然需要进一步提高，并且需将教练员的实际执教能力与职称相挂钩，目前教练员的引进机制缺乏科学性和战略眼光。这一系列状况应引起有关部门的高度重视。”曲淑华、杜超在《对影响青少年田径教练员教练水平因素的探讨》一文中发表这样的观点，“中国青少年田径教练员的年龄结构特点是：1.老、中、青教练结合的教练员队伍。30岁以下的教练员占调查总人数20%，31—40岁的教练员占调查总人数45%，41—50岁的教练员人数占调查总人数30%。中国青少年田径教练员在学历方面结果显示：98%的青少年田径教练员达到大专以上学历。2.90%以上的教练员明确自己的职责和所承担的任务。中国青少年田径教练员在训练过程中，表现出的勤奋工作和对运动员人格品质的教育情况良好。研究结果表明，中国青少年田径教练员的自身运动经历丰富，但新的训练理论与方法匮乏，今后改良的重点在于提高专业知识水平。3.田径青少年教练员与运动员的交流比较欠缺，这势必会影响到训练的效果”。谢梅认为:“目前对于教练员的绩效评定主要有两个方面，一个是对教练员训练的运动员所取得的成绩进行衡量，另一个是教练员的工作量。长期以来，教练员的业务学习、学术研究的风气较差，当今的田径训练已经在多方面深入引进多学科的理论与方法，因此不学习新的训练手段和理论，必然会在竞争中被淘汰。”李晨曦在其硕士论文中指出:“京、津、鲁、冀省级体校田径教练员的职称结构、配备比例比较合理，但年龄结构老化，岗位来源多为退役运动员，‘以老带新’和岗位培训是田径教练员提高执教水平的主要途径，岗位培训在周期设置、内容安排、长远规划方面做得不够，教练员的自学能力有待加强。”严德一在《影响中国竞技体育后备人才资源开发的主要因素》中指出:“教练员、体育教师是竞技体育后备人才资源开发的主体和操作者，教练员和相关体育教师的选材、训练、教育能力必然是青少年运动员培养中的重中之重。”。李春雷博士在《对中国竞技田径运动可持续发展的研究》中指出提出：“中国田径教练员群体存在的主要问题：1.知识结构老化严重，2.教练员知识结构的局限性严重，3.‘近亲繁殖’现象严重，4.教练员学历结构层次偏低，5.缺乏‘复合型’教练群体”。

三、对田径青少年运动员培养的研究

曲淑华在其博士论文中指出:“青少年运动员阶段训练是运动全过程训练的基础阶段。若要使一名青少年运动员在今后能有更好的发展，必须在青少年期间进行适合青少年身体发育规律的训练，运用先进的训练理论、方法和手段做支撑，逐步打好坚实的基础，要坚决杜绝急功近利的做法。”可见，青少年运动员的训练的主要任务是打好基础。任海对中国优秀青少年进行了调查，结果表明:“我国青少年田径运动员由于在青少年期间的训练不科学，导致过早失去发展潜力的人数众多，极大地影响了后备力量的顺利成长。”徐估等认为，“运动员的培养是一个复杂而长期的系统工程，应遵循运动训练和人体成长以及运动员个人发育的客观规律，在不同的时期内，完成不同阶段的训练任务。但目前的实际情况是少年运动员竞赛制度不健全，基层业余体校和运动学校往往把本省、市或县运动会作为训练目标，从而造成了教练员的短期行为”。结合任海和徐估的观点，“早衰”问题的出现源于基层训练单位没有把青少年的训练看做是运动员运动生涯的基础部分，而是过度地追求快出成绩，使运动员在自己单位训练的时间内尽可能地多取得荣誉，从而违背了青少年训练的一般规律。田径后备人才培养的重点在于科学训练，建立科学的田径后备人才训练体系是提高后备人才培养质量的重点工作，我国许多学者对加强青少年田径运动员基础培养，提高成材率进行了大量研究，在很大程度上推动了我国田径后备人才训练科学化的进程。但是，现阶段我国青少年田径运动员的成材率依然较低。据学者李艳红所作出的统计，田径项目“我国三线队伍向二线队伍的人才输送率为6.1%，而二线向一线的输送率仅为1.96%”。

我国田径项目成材率较低，一方面与我国体能主导类项目的训练水平有着直接关系，另一方面，田径项目是基础大项，是体育运动的基础，因此开展广泛，后备人才基数庞大。以上两个方面导致后备人才成材率的分母过大，分子又过小，从而成材率低。在市场经济的影响下，所有工作都将重点放在效率上，田径后备人才培养工作如果不实质地改变投入高回报低的局面，将会严重影响田径项目未来的发展，怎样提高田径运动员的成材率是体育界人士关注的焦点之一。

陈芳、李琼志认为“社会转型时期政府行为的影响、教练员的‘近亲繁殖’、后备人才资源的储备三个方面”是影响我国竞技体育后备人才可持续发展的主要因素。姜传银，谢守玲认为：影响田径后备人才培养的因素为“发展潜力因子”“文化教育因子”“后勤保障因子”“合理安排运动训练因子”。陈广在他的博士论文中将影响田径后备人才可持续发展的因子依主要到次要排为：教练员因子＞科研因子＞人员储备因子＞训练因子＞经济因子＞管理因子＞选材因子＞心智因子＞社会因子＞价值观因子＞参赛因子＞家庭因子＞人员流动因子。综上所述，政府的政策导向是影响后备人才培养的宏观导向。此外，教练员、训练情况、经济情况，是影响我国田径后备人才培养的最主要的三个因素。

四、对“基地”建设及“后备人才”的研究

由于从2009年才正式开始评定“基地”和“后备人才”注册等专门工作，因此专门研究本书所涉及的“基地”和“后备人才”的文章还不多。为认真贯彻《奥运争光计划纲要》，完善我国田径后备人才培养体系，提高我国田径竞技水平，2009年国家体育总局田径运动管理中心开展创建国家田径单项奥林匹克高水平后备人才训练基地工作，并明确提出创建单项基地的目

标是：选拔优秀苗子，从小抓正确的技术教学和训练，培养并向省（市）、国家田径队输送本专项高水平后备人才，6～8年实现“基地”输送的运动员勇夺世界三大赛（奥运会、世锦赛、世界杯）前三名。

密森在他的硕士论文中指出，目前国家田径单项高水平后备人才基地各个项目的比例和在全国范围内的布局仍需要进一步地调整。“基地”以奥运为周期进行评定，他的数量是个动态过程，但竞走、中长跑、女子投掷为我国的重点项目，因此需要特殊考虑。刘卉在他的硕士论文中对部分重点短跨项目的体校做了调查研究，其研究的单位主要包括了现在的五个短跨项目“基地”，他总结：短跨项目的“基地”存在着科研能力不足，训练监控措施不完善，训练经费不足等问题。全国范围内已经创建的130个“基地”是培养“后备人才”的主要单位，自2009年创建以来，已经出现了王春雨、林清、郭甜茜等受到国际田径联合会关注的运动员，但是随着工作的深入开展，选材面的扩大，有部分不在“基地”内的优秀运动员也被纳入“后备人才”中来，这些运动员的跟踪和沟通渠道不变，因此也给管理上带来了困难。

第五节　体育局系统与学校系统田径后备人才培养的综合比较

通过调查分析得出体育局系统在运动员选材、文化素质、运动员保障方面存在一定的劣势。其中主要表现有：学训矛盾突出，运动员训练和文化课学习的时间比例失调，运动员成材效率较低，运动员选材、训练的不科学，运动员退役后的出路较窄，后备人才数量减少等问题。学校系统的后备人才的选材不科学、资源配置不够完善、竞赛体制不完善、运动训练经费投入不足、教练员能力素质欠缺、对教练和运动员激励奖励制度不完善等问题严重制约了学校系统田径后备人才的发展。所以学校系统在运动员选材、教练员素质、竞赛体系和资源保障几个方面需要进一步完善。

为促进我国田径后备人才的发展，改善现存的一些问题，国家采取了相应的一些措施，比如建立国家田径单项（群）奥林匹克高水平后备人才训练基地，成立全国田径少年儿童业余训练大联盟，广泛开展教练员训练班等。并将学校系统纳入进来，意图通过整合两种模式的优势资源，优势互补。

国家田径单项（群）奥林匹克高水平后备人才训练基地加强了竞技体育后备力量特别是田径高水平后备人才培养，促进了我国田径项目的发展，完善了我国田径高水平体育后备人才培养的方式，改善了现存的田径后备人才培养存在的一些问题。从而有效地推动各级各类体育学校的建设与发展，促进田径高水平竞技体育后备人才的培养，为我国田径运动高水平队伍可持续发展奠定基础。

全国田径少年儿童业余训练大联盟是由国家体育总局田径管理中心发起建立的，主要由全国各田径高水平后备人才基地学校（以下简称“基地学校”）、高水平后备人才学校、国家级田径项目传统学校、少儿趣味田径开展学校联合组成，其目的在于整合训练资源和人力资源，促进相互之间的信息交流、沟通和合作，充分发挥人力、物力、财力的优势共同推动我国田径后备人才的发展。充分发挥“中心”的训练、竞赛、培训、国际交流、先进的执教理念和科学的训练方法等优势，坚持专业指导、培训提高、赛事交流等，为国家田径队发现和培养田径高水平后备人才，促进我国田径项目的发展，创造田径项目的繁荣局面。

全国田径少年儿童业余训练大联盟加强了体育局系统与学校系统的交流与合作，主要体现在:第一，运动员选材，体育局系统与学校系统之间加强交流与合作无疑增大了选材的面，改善田径后备人才选材面窄小的问题，有利于更多优秀的田径后备人才的选拔。第二，运动员文化素质问题，利用学校系统的教育资源优势促进运动员文化素质的培养，提高运动员的文化知识水平和能力，改善目前学训矛盾突出，运动员就业问题。第三，教练员执教能力和素质，大力开展教练员培训班，将学校系统的教练员也纳入进来，学习了解先进的训练方法和执教理念，改善学校系统教练员的劣势。通过教练员培训班的学习有利于在选材、训练、科研等方面的提高，能够更好地科学地指导训练。第四，竞赛体系问题，为了改善学校系统竞赛体系问题，国家对青少年的比赛数量设置有所增加，在大型比赛中增设了青少年组的比赛，基本能够满足运动员以赛代练的需求。

为了给予运动员更多的参赛机会，国家增加了田径比赛的数量，丰富比赛的层次。各省市为参加全国比赛，要进行一系列的选拔赛，这样无形中也增加了比赛的数量，运动员也能够得到锻炼机会。学校系统中全国田径传统项目学校比赛分区进行，方便学校参与比赛。并且学校系统与体育局系统比赛的界限逐渐淡化，学校系统的运动员都可以参与，这样既提高了学校系统运动员参赛的数量，也可以在比赛中发现、发掘优秀的田径后备人才。

体育局系统积极主动地与学校系统进行合作交流，充分发挥两种模式的优势，进行优势互补，但是由于两种模式分别处于两种系统，两种体制，要打破现有制约发展的困境，合作的开端依然是自上而下。从根源上找出解决方式，形成一系列政策并保证政策的落实，体育局系统与学校系统共同合作，促进田径后备人才的培养。

第十六章　运动员选材与教练员配置

第一节　运动员的选材

一、选材的对象，途径

通过调查分析得出，体育局系统中教练员在进行田径后备人才选拔时，74.07%通过对观看一些比赛或者运动会，46.3%的教练员在学校中寻找，还有27.78%通过他人介绍推荐。学校系统中的教练员进行田径后备人才选拔时，86.53%通过学校举办的运动会来选拔，90.38%在学校寻找优秀的后备人才，其他途径的选拔方式很少。

体育局系统对田径后备人才的选材在范围上具有一定的局限性，选拔方式比较单一，选材所覆盖的面较小，能够参与选拔的人数相对较少。我国有两亿中小学生，在这其中肯定有一大批具有田径天赋和潜力的田径后备人才，如果青少年选材只是集中在现阶段部分成绩较突出的运动员上，会造成田径后备人才白白地浪费，还有部分田径后备人才因为身体素质和竞技能力发展较晚，以及在选材中受到人力、物力、财力等方面的制约，则更加导致人才浪费。究其原因，首先是体育局系统与学校系统之间的交流不够，体育局系统的教练没有深入到学校进行后备人才的选拔，学校系统也没有积极主动与体育局系统沟通，推荐一些优秀后备人才。其次是受到人力、物力方面的制约，体育局系统的教练员不可能每场比赛都会观看，每个学校都进行选材。在学校系统的后备人才选拔中大部分的教练员主要是在学校的学生中选拔田径后备人才，教练员的工作训练都是在学校中进行的，可以接触到更多的学生，能够有更多的选择。学校的教练员一般由体育教师担任，一方面在体育与健康课上留心观察，选拔出那些身体条件、身体素质方面相对优秀的学生。另一方面在比赛中选拔后备人才，学校每年都会组织运动会，在运动会中选拔出那些运动能力强，身体素质好，运动成绩相对好的学生作为田径后备人才。通过学校选拔田径后备人才增加选材的人数，扩大选材面，使一些具有天赋的学生能够被选拔出来，不至于造成资源的浪费。正如现在国家将足球项目推广到校园中，在学校中加强足球后备人才的培养，从而促进整个足球的发展。田径项目同样也可以在校园中进行推广练习，这就需要国家有相应的政策来支持。

学校系统与体育局系统选拔运动员的方式形成了鲜明的对比，体育局系统和学校系统如果能够加强合作与交流，体育局系统的教练员尽可能深入到学校中去，学校系统发现优秀田径后备人才可以积极推荐，两者相互的合作在无形中扩大了选材面，对田径后备人才的选拔将会起到很好的促进作用。因此体育运动学校与各地的中学进行合作，体校的教练员进入中学帮助选材，两者相互的交流合作取得了一定效果，但需要进一步地加强和完善。

二、选材的方法及选材的主要依据

通过调查分析得出，体育局系统的田径教练员在选材时59.26%以经验为主，各种指标测试为辅，55.56%根据田径运动项目自身的特征来对运动员进行选材。学校系统的教练员选材时48.07%的教练员完全根据自己经验，51.92%以经验为主，各种测试指标为辅，57.69%根据运动项目特征来进行选材。

体育局系统的大多数教练员基本上认可经验选材，并且结合田径项目本身特点和自己多年的训练选材经验，在一定意义上有一定合理性。还有科学选材，通过运动员的身体形态、机能、素质和心理智能等指标进行测试，并把测试数据进行分析，根据目前指定的选材标准选择那些符合测试指标的运动员。大部分教练员能够将两者有机地结合来进行选材。这在国家奥林匹克训练基地的选材中尤为突出，国家奥林匹克训练基地对运动员的选材相对规范，各种选材的设施较为完善，配备高水平的教练员，不但重视各项测试指标，而且充分考虑遗传因素以及项目特征。在规范的基础上将运动员选材的门槛提高，为运动员将来的发展奠定基础。

体育局系统的教练员所选取的测试指标，大部分是对运动员的素质类指标、形态类指标、运动身体机能进行测试，这些指标在选材中操作简单便捷。但是心理智能类指标测试却明显减少，造成心理测试较少的原因：其一对于心理问题测试我们还存在很大的不足，缺少关于这个方面的选材方法和手段。特别是在田径后备人才培养的方面，青少年心理还不是很成熟，需要一点点引导。其二心理方面的问题还没有让教练员引起重视。

在运动员选材的过程中需要投入大量的人力、物力和财力，才能完成选材需要的各种条件。没有充足的物质投入根本不可能做到科学选材，所以经费是选材的最基本前提。体育局系统有专门的经费发放，相对来说较为充足。但是学校系统的运动员选材中，学校没有专门的选材系统，缺少关于训练和比赛的物质保障政策，资金的来源单一，在有些学校体育不太受到重视。因此导致了学校经费不足或者是根本没有训练经费，综上原因必然导致选材的困难和选材科学性差。由于缺少经费，教练在选材时很多的步骤是能省就省，尽量节俭花费，多靠自己的主观判断，同时根据项目特点以及自己的经验去选取运动员。科学选材很少能够涉及，只是对运动员的形态指标和素质指标进行简单的测试，心理指标、神经类指标和智力指标更是没有涉及。还有很少部分的学校存在只看学生兴趣爱好，根本不参考科学测试指标的情况。因此想要改善学校系统的后备人才选材的现状，要加大对学校系统的资金投入，出台一些相关的政策，使学校选材的方法能够进一步完善，科学性进一步提高，将优秀的田径后备人才选拔出来，避免优秀田径后备人才的流失。

三、运动员的文化素质

青少年运动员的文化素质教育和体育专业训练之间的矛盾十分突出，运动员的文化素质偏低一直是困扰我国竞技体育持续发展的重要问题，文化素质偏低是在体育局系统田径后备人才培养模式下的一种普遍现象。导致这种局面的原因主要是：

第一，在体育局系统里很多天赋好、成绩好的运动员很早就进入体校进行专业训练，大部分的时间都是在进行训练，文化课学习时间本来就少，还要受到训练和比赛的影响，经常中断，导致青少年运动员的文化学习一再被耽搁，运动员的文化知识水平停滞在一个比较低的水平上。

第二，由于运动员的绝大部分时间用于训练，大运动量训练后，体力和精力消耗很大，造成课堂上精力不够，思想不集中，影响到教学质量和学习效果。部分运动员外出训练和比赛较多，运动员相对稳定的时间较少，影响学习的连续性，很难有时间静下心来接受系统教育。第三我们国家的各级体校文化课师资力量、资源配备方面相对薄弱，资金投入不足，与训练投入相差甚远。从而导致文化课形式、教学内容、教学方法单一，教师人才的流失等一系列问题。学训矛盾突出是我国现阶段田径后备人才培养所遇到的一大严峻问题，尤其是在体育局系统中国家对田径后备人才的培养投入了巨大的人力、物力和财力，也取得了优异的成绩。大部分的运动员牺牲了自己接受文化学习的时间来进行训练，在艰苦、长期且密集的训练中没有时间接受文化教育，从而导致了大部分运动员文化素质普遍偏低，长此以往形成恶性循环。然而良好的文化素质对运动员的训练和比赛具有重要作用，它使运动员更好更深刻地了解技术动作的实质，在训练中取得事半功倍的效果。因此目前许多专家学者认为学校系统的后备人才培养模式必将成为我国竞技体育的发展趋势，青少年的业余训练必须在广大的学校进行，他们认为学校具有良好的文化学习的氛围、师资力量较好，各方面的人才齐全，信息畅通，能够保证运动员文化知识的学习和课余运动训练的双重需要，一方面可以为国家和社会培养优秀全面的田径后备人才，另一方面，又可以克服体育局系统的一些弊端，通过良好的教育资源可以提高运动员文化素质，促进就业。

学校培养体育后备人才主要是通过课余运动训练，课余训练与文化教育有机结合，在制度上保证了学生运动员顺利完成学业。教育部一直要求和强调减轻学生过重的学业负担，学生的课余时间就会有所增多，有足够的时间和精力进行文化课的学习和进行课余运动训练，学习和训练互不耽误。通过课余运动训练能够增强学生身体素质，同时为学生向运动员方向发展奠定一个基础，即使训练成绩不理想，对以后的学习也不会有影响，这也避免了训练过早专业化的问题，也能够打消家长的担忧。现代田径运动的发展不只是要发展运动员的体能和技术水平，同时尽可能地促进运动员的智能、心理素质的发展。学校可以充分地利用其教育资源的优势，发展田径后备人才的文化知识，使学生对田径运动、竞技体育有更深的认识，同时促进其心理素质和运动智能的发展。

第二节　教练员的配置及素质

一、教练员的运动经历

通过调查分析得出，体育局系统的教练员79.63%主要是由退役的专业运动员来担任，20.37%的教练员是由体育院校和体育运动学校毕业的。学校系统的教练员76.92%来自体育学院的运动训练专业或者体育教育专业毕业的本科生或者研究生，11.54%教练员来自退役优秀运动员。

体育局系统的教练员大部分是由退役的运动员来担任。这些教练员拥有丰富的运动训练经验和比赛经历，对其训练工作具有积极影响，有助其开展田径训练，主要体现在以下几点：第一，他们对田径专项技术动作很了解很熟悉，具有良好、扎实的技术基础，能够较好地对运动员技术方面问题提供有力的帮助。第二，他们常年进行训练和比赛，具有丰富的实践经验，对负荷的变化，技、战术的运用，心理压力等有亲身的感受，对运动员在训练和比赛中的生理和心理情况能够有较好的了解，从而能够更好地针对运动员存在的问题进行有效的帮助。第三，他们对比赛非常了解，具有较强的临场指挥应变能力，可以根据现场的情况制定战术。因为他们有着丰富的实践经验，所以能够从实际出发因材施教，更好更快地适应教练员的工作。

然而学校系统的教练员大多数来自体育学院的运动训练专业和体育教育专业毕业的本科生或者研究生，很少一部分来自退役的优秀运动员。他们有一定的运动经历，但是对于训练和比赛实践的经验积累还是比较有限的，对一些项目的了解只限于书本上，这就导致了在训练和比赛中一些负荷的变化，技、战术的运用，心理压力，临场指挥和应变能力等方面的不足，不能及时有效地解决训练和比赛中出现的问题。学校系统中负责田径训练的教练员的时间和精力受到限制，他们大部分为兼职教练员，都在自己学校担任体育教师。他们在负责课余田径训练的同时，每一名教练员每周都有普通学生的体育与健康课程，甚至大多数教练员还要负责学校的大课间体育活动及其指导非运动员的课外体育活动课，由于受到繁重教学工作与其他各项工作的影响，每个训练单元的训练质量难以得到保证。

二、教练员的学历状况

通过调查分析得出，体育局系统的教练员57.41%是本科学历，37.04%是专科学历，3.7%是中专或高中学历，研究生学历只有1.85%。学校系统教练员9.62%的是研究生学历，82.69%是本科学历，7.69%是专科学历。学校系统的教练员整体文化程度要高于体育局系统。

学历代表着学习的经历和掌握理论知识的程度，也包含其训练与科研的潜在能力。体育局系统的教练员存在的劣势是整体文化水平偏低，在知识的结构和系统的专业知识理论方面存在一定的不足。首先导致选材科学化不高，因为选材不仅要靠教练员的直观感觉和经验，还必须将生理学、心理学等方面的知识融入选材。其次对训练理论和方法不能准确把握，比如项目的特征、规律，训练内容，训练手段和方法，运动负荷的训练节奏，训练过程的安排等，最终致使训练中存在的一些问题不能够系统解决。

学校系统的教练员具有较系统的基础理论知识和专业理论知识，文化水平较高。他们在知识系统和结构上较为完善，对项目的特点和规律能有一个系统的认识，对项目的一些训练理论和方法能有一个较好的把握，他们还担任学校体育教师，并且长期在学校环境中从事训练工作，教练员能够根据实际情况在某些专项训练中总结出一套独特的方法，对训练有较好的指导作用。

三、教练员对参与培训班的态度以及激励制度

通过调查分析得知，体育局系统的70.37%教练员都迫切希望参加教练员

的培训班，18.52%教练员较迫切，11.11%教练员一般。学校系统的80.77%教练员都迫切希望参与教练员培训班，15.38%教练员较迫切，3.85%教练员一般。这说明各级教练员对自己目前的执教能力和水平不满意，都希望加强交流与合作，学习一些先进训练的理论和方法，提高自身的素质，进而促进田径后备人才的培养。

体育局系统的教练员可以接触到一些高水平的训练手段和方法，对一些高新的科学训练技术与手段有一定的了解，并通过各种信息渠道获得关于比赛和训练的有效信息，从而有效地促进运动训练。然而学校系统的教练员接触高水平训练较少，对一些新的训练方法和手段了解不多。主要原因是：第一，处在学校这个相对来说比较封闭的环境，教练员没有时间和机会去学习观察高水平的训练，只能沿用一些传统训练方法，即便有也是通过互联网等手段学习到的一些不全面的训练手段。第二，学校系统的竞赛和交流相对较少，错过了相互学习、探讨和提高的机会。第三，与体育系统的交流合作也较少，导致训练手段和方法存在一定的滞后性。为了提高教练员的整体能力和素质，促进教练员知识体系的更新，学习世界上一些比较先进的训练理念、方法、手段，国家田径管理中心现已成立的全国业余训练大联盟，开展了一系列关于不同项群的教练员培训班，将学校系统和体育局系统的教练员都纳入进来，对他们进行培训。第四，现有的教练员的激励制度不完善，影响教练员带队训练的积极性。尤其是学校系统的教练员，缺少必要的激励政策，导致训练积极性降低，从而影响训练的效果。因此要完善激励政策，比如职称的评定及其他各方面的福利能否与运动成绩相联系，这都值得进一步去完善和考虑。

第十七章　我国后备人才培养“基地”及“后备人才”宏观分布

第一节　“基地”的数量及各项目所占比例

根据国家体育总局田径运动管理中心颁布的《关于印发国家田径单项奥林匹克高水平后备人才及基地管理办法和实施细则（暂行）的通知》（田径字[2011] 15号）中所述，为适应我国田径优势项目的发展需求，共确定重点单项/项群5个，“基地”143个，具体为：竞走项目30个，中长跑项目25个，女子投掷项目（链球、铅球、铁饼、标枪）48个，跳跃项目（跳高、跳远、三级跳远、女子撑竿跳）20个，短跨项目（短跑、男子直道栏）20个。自2009年以来，经过对全国各地提出申报的各单位的考察与评估，截止到2012年5月，已经正式命名了130家“基地”，各项目“基地”数量的情况如下表：

	竞走	中长跑	女子投掷			跳跃			短跑	跨栏	合计
			链球	铅球铁饼	标枪	跳高	跳远三级跳	女子撑竿跳	短跑	男子直道栏	
数　量	24	28	7	17	13	6	9	6	15	5	130
百分比	18.5%	21.5%	5.4%	13.1%	10.0%	4.6%	6.9%	4.6%	11.5%	3.8%	

从国家体育总局田径运动管理中心的“基地”命名数量分布计划上讲，在跳跃、短跑、跨栏、女子投掷4个项目群内部的小项目中没有再进行更细的数量分配，这4个项目群内的各个项目数量分配要根据该项目在全国的开展情况、运动员的水平以及田径项目的未来战略来灵活掌握，并根据项目的特点和12～17岁少年的训练规律，将铅球、铁饼合并成一个小项群一同命名，将跳远、三级跳合并成一个小项群一同命名。从“基地”的总数来看，目前已经完成了评估且正式命名的“基地”有130个，距离143个的目标还差13个。

从每个项目/项群的数量来看，竞走项目已经命名了24个，距离30个的目标还相差4个；中长跑项目比原计划多了3个"基地"；女子投掷项目现有37个"基地"，比原计划的48个少了11个；跳跃项目已命名了21个"基地"，比原计划多了1个；短跑、跨栏项目与原计划相当，现有20个"基地"。

田径项目在我国开展最为广泛，有较好条件和人员开展田径训练的中学、业余体校等单位为数众多，因此在评定和命名"基地"上不仅要考虑到完成数量上的计划，更要综合考虑到所评定的单位的人才培养能力，在现有的经费资源、专家资源和"基地"训练资源的基础上，最大限度地发挥"基地"的优势，从而为"后备人才"的发展提供更好的环境。

第二节　"基地"在我国各地区的分布情况

田径"基地"共包含了五个小项群，每个项群有其自身的选材特点、训练特点，我国地域辽阔，地形、气候复杂，有些地域的生活习惯相差较大，这就造成了不同地区人不同的生理特点，这些分地域的不同的生理特点使运动员在选材上出现了明显的地域性特征，因此不同项目的"基地"在全国范围内的布局上，必须要考虑到优势地域，以便于发现和更好地培养"后备人才"。"基地"在各地区分布情如下表：

地区	竞走	中长跑	女子投掷			跳跃			短跨		合计
			链球	铅球铁饼	标枪	跳高	跳远三级跳	女子撑竿跳	短跑	男子直道栏	
辽宁	4	3	2	3	2		1	1	1		17
山东	2	3	1	3	1	2		2			14
江苏	2	3		3					4	1	13
河南	2	3		1	2		1		1	1	11
黑龙江	2	2	2		2		1		1		9
陕西	3	1	3		1						8
河北	1	1		3	1					1	8
浙江					2	1	1	1	2		7

续表

地区	竞走	中长跑	女子投掷			跳跃			短跨		合计
			链球	铅球铁饼	标枪	跳高	跳远三级跳	女子撑竿跳	短跑	男子直道栏	
内蒙	3	2		1				2	3		6
广东						1		2	3		6
云南	2	2									4
上海		1					1			1	3
天津					1	1				1	3
广西							1		2		3
新疆				3							3
甘肃	1	1									2
安徽		1					1				2
吉林		2									2
北京	1										1
重庆									1		1
青海	1										1
湖南		1									1
江西		1									1
新疆		1									1
福建							1				1
湖北							1				1
四川					1						1
合计	24	28	7	17	13	6	9	6	15	5	130

“基地”总数超过10个的地区为辽宁、山东、江苏、河南，这些地区的“基地”主要集中在竞走、中长跑和女子投掷上，其中江苏省的短跑基地有4个，约占短跑基地总数的1/30。“基地”分布较多的地区主要在我国北方，分布最多的前10个地区中，只有江苏、浙江、广东三个省份位于我国南方，这种情况与女子投掷、竞走、中长跑“基地”设置的数量有直接关系，这三个项目作为重点项目，在计划中已经占据了103个“基地”的名额，占了“基地”总数的72%，实际中占了总基地数量的68.5%。竞走、中长跑项目的“基地”主要在北方地区以及江苏、云南；投掷项目的“基地”主要分布在东北、华北、西北地区；跳跃项目“基地”分布较为分散，但总体分布较偏向我国东部，西北、西南没有涉及；短跑项目“基地”分布在我国东南地区；男子直道栏项目“基地”由于计划数量较少，还没有呈现出明显的地域趋势。

第三节　我国少年田径后备人才地域分布

后备人才“基地”的分布应当遵循我国各项目的地域上的发展特点，在该项目出现后备人才多的地域开设“基地”将会有利于缩小选材的范围，为后备人才提供良好的教练和科研团队，提高后备人才的相互竞争，这不仅能够为后备人才的成长提供更好的外部环境，还能够地域性的提高该地区的优势项目的整体水平。通过对2012年全国青少年田径锦标赛（14～15岁年龄组和16～17岁年龄组）和全国竞走锦标赛少年组的前10名运动员（短跑和110米栏项目前8名）的代表地进行统计，得出各项目前10名中运动员代表地最多的四个地区，以此数据来衡量我国少年田径后备人才的分布，统计中排除了解放军代表队和香港代表队。表中仅统计“后备人才”所涉及的项目，铅球、铁饼合并统计，跳远、三级跳远合并统计，统计结果如下：

	男子	女子
中长跑	河南、上海、江苏、内蒙古	江苏、河南、江西、上海
跳高	上海、河北、天津、山东	天津、浙江、陕西、山东
跳远、三级跳远	福建、天津、河北、浙江	福建、浙江、安徽、上海
女子撑竿跳		山东、上海、福建、广东
短跑	江苏、上海、广西、山东	江苏、广东、河南、福建
110米栏	河北、上海、江苏、福建	
女子链球		山东、黑龙江、辽宁、陕西
女子标枪		江苏、山东、天津、河北
女子铅球、铁饼		山东、江苏、河北、黑龙江
竞走	内蒙古、甘肃、广东、江西	辽宁、蒙古、河北、河南

由上表中可以看出，从整体上看，我国的田径后备人才储备较好的地区分布在经济较发达地区和人口较多的地区，另外，高原或草原地区也有一定的耐力性项目的后备人才。邵玉萍通过对我国5—10届全运会田径项目前八名的地区分析得出了我国田径各项目的主要实力在地域上的分布。短跑、跨栏项目优势在广东、广西、上海等地；中长跑项目、投掷项目优势在山东、河北、辽宁等地；跳跃高度类项目优势在广东、山东、上海等地；跳跃远度类

项目优势在河北、福建、湖南等地；竞走优势在山东、云南等地。将上表与邵玉萍所做的研究进行比较，发现两者从整体上讲有一定的契合度，但在后备人才的优势地域分布要比成年运动员更加分散，从专家访谈得知，这种现象主要有两方面原因：其一是因为少年运动员尚处在运动员生涯的初期和身体成长的初期，且各地区以及各个教练员的训练方式不一样，导致运动员的技术和身体素质尚不稳定，成绩波动较大，而全运会的田径运动员大数是成年运动员，自身的技术及身体素质已经基本成型，相对稳定；其二是人为因素，我国成年运动员在多年从事训练、比赛的过程中，所代表的地区发生变化的情况很多，因此成年运动员的地域分布并不能完全代表我国田径后备人才的分布。

第四节　“基地”与我国少年田径后备人才地域分布契合度

将上表与各项目“基地”的实际分布情况表进行比较，发现“基地”的地域分布与我国少年田径的人才分布基本相同，但两者也在个别处有些较明显的差异。竞走方面，广东和江西没有竞走“基地”，但却在2012年的竞走比赛中取得了不错的成绩，这些重点运动员和教练员值得关注。女子撑竿跳、女子投掷、跳高、跳远、三级跳、110米栏，这些个项目上，后备人才的优势地域分布与“基地”的地域分布呈现了较高的契合度，但女子撑竿跳项目仅有16～17岁年龄组设置了女子撑竿跳项目，可提供参考的样本较少。短跑项目上，在上海、山东、福建三个地区没有设“基地”，但这三个地区在此次运动会上取得了不错的成绩，因此也应考虑对重点单位或运动员进行考察。中长跑项目上，比赛中表现较好的地区均设有后备人才“基地”，辽宁、黑龙江、吉林三省共有中长跑“基地”七个，但是此次运动会东北三省表现不佳，因此值得田管中心以及该地区的运动员和教练员注意。

后备人才“基地”作为培养“后备人才”的摇篮，其设置的地点和数量是否科学，对“后备人才”培养的数量和质量都有着重要的影响。既然设立后备人才“基地”和“后备人才”的目标在于夺取奥运会、世锦赛和世界杯的奖牌，那么在这计划内的143个"基地"就应该成为国内培养田径人才最好的单位，这样才能够发挥"基地"的优势，发现最好的苗子，让其快速成长。

第五节　田径后备人才竞赛体系分析

竞赛的设置与数量

体育局系统田径后备人才的运动员79.63%一年只1～2次的比赛机会，14.81%可以参加3～4次，3.7%可以参加5～6次，6次以上基本没有。学校系统田径后备人才的运动员92.3%一年只1～2次的比赛机会，7.69%可以参加3～4次，5～6和6次以上基本没有。从竞赛数量上看出体育局系统和学校系统的比赛设置相对较少。

体育局系统的比赛主要有全国体育运动学校田径锦标赛、全国少年（14～15）田径锦标赛、全国少年（16～17）田径锦标赛以及各个锦标赛的预选赛。在学校系统中竞赛主要有全国中学生田径锦标赛，全国体育传统项目学校田径联赛，体育彩票杯的田径联赛，还有各个教育系统组织的各种运动会。

比赛本身就是对运动员平时训练状况的一种检验方式，竞技运动的实践证明，任何训练都不可能达到比赛的效果。青年组运动员在训练阶段主要处于专项初级阶段，部分训练水平较高者进入专项提高阶段，在这个训练阶段，参加比赛是作为训练中一个重要内容组合到训练的总负荷中，要求比赛次数逐年增加，但国内通常每年只举办一次全国青年锦标赛，而其他的系列大奖赛由于参赛名额或者参赛条件的限制，造成青年组运动员参赛机会不多。像大型的全国比赛学校系统的运动员因为受到资金、运动成绩等各方面的制约没有机会参与，大多数人能参与的是教育系统组织的运动会，但是数量有限，一年中有一到两次的参赛机会，由于缺少比赛的锻炼机会，训练中存在的一些问题不能显现，不利于运动员竞技能力的提高。竞赛问题已经受到国家的重视，在青少年比赛数量的设置上有所增加，在大型比赛中增加了青少年的比赛。

2.田径竞赛的竞赛管理

体育局系统的全国竞赛是由国家田径管理中心组织的，省级比赛由各省的田径管理中心组织，目前各个市级的比赛基本没有。体育局系统在组织举办比赛方面具有丰富的经验，比赛具有较强的影响力，能吸引一些企业进行赞助，再加上国家的财政拨款有足够的资金支持，能够保证比赛的规模和质量。形成完善的竞赛体系，竞赛的种类丰富，年度竞赛计划安排相对合理。具备完善的政策和法规，对竞赛做出相应的规定和要求，对运动员参赛资格的审查力度较高，严格管理赛场风纪，保证比赛的公平性。学校系统的竞赛是由教育部学生体育协会、各级省教育厅学生体育协会组织安排各级的比赛，学校系统的竞赛设置相对较少，种类比较单一，在规模和影响力上相对较小从而导致赞助单位相对较少。竞赛体系不完善缺少完善，的政策对比赛进行保障，在项目的设置方面要进一步的合理化，加强运动员参赛资格的审查力度和赛场风纪的管理。

第十八章　我国田径“后备人才”培养因素分析

第一节　影响“后备人才”培养的因素分析

一、对训练因子的分析

为了方便理解，先来看一个表格：

影响“后备人才”培养的因子命名表	
因子	指标
F1：训练因子	X12 教练员执教能力、X16 队员成材率、X14 训练时间、X13 教练员文化水平、X20 运动员专项理论学习、X15 队员参训动机
F2：训练因子	X21 队员年参赛次数、X23 队员心理素质、X 24 队员比赛成绩、X25“赛练关系”处理、X22 队员参赛级别、X26 队员真实年龄
F3: 科研因子	X28 参训人员科研意识、X17伤病防治、X29 科研与训练结合程度、X27 科研设备条件、X30 科研人员业务能力
F4: 选材因子	X11 遗传因素、X9 身体素质水平、X10 专项水平、X8 队员身体形态
F5: 经济因子	X5 训练比赛经费投入、X6 队员家庭收入、X4 地区经济水平、X7 教练员收入
F6: 支持因子	X1 队员在校地位、X2 学校重视度、X3 队员家庭支持
F7: 管理因子	X32“后备人才”战略、X31 举国体制、X34 队员文化教育
F8: 训练设施保障因子	X18 训练器材保障、X19 训练场地保障
F9: 教练员培训因子	X33 教练员培训

训练因子（F1），包括教练员执教能力、队员成材率、训练时间、教练员文化水平、运动员专项理论学习、队员参训动机。

教练员执教能力、教练员文化水平的调查分析：

教练员是“后备人才”从选材开始一直至其超出17岁或放弃训练阶段始终的导师，一名运动员自从其被选材人关注直至他的运动生涯结束的整个过程中均有教练员的指导。因此，教练员的能力及付出的努力将是决定一名小运动员能否成才的重要因素。“后备人才”作为田管中心的重点培养对象，每个单项“基地”都应当至少配备一名在该项目上执教经验、综合知识水平、科研能力以及管理能力较好的教练员，统计与分析该项目教练员的整体水平，将对田管中心指导专家对“基地”进行督导以及安排教练员培训有着现实意义。

国家体育总局田径运动管理中心，特地为“后备人才”培养而开发的国家田径单项奥林匹克高水平后备人才基地管理系统中，专门有“教练员工作管理”一个项目，在《国家田径奥林匹克高水平后备人才及基地管理办法和实施细则（暂行）》中第二章第九条规定，教练员必须统一在田径中心注册，与运动员注册同步，实行网络注册，网络注册提交时间为：每年九月十五日至十月二十日。但在统计中查阅教练员信息时发现，并非所有基地都对教练员进行了注册，每个“基地”所注册的教练员数量也相差很大，存在已注册的教练员信息填写严重不完整等现象。在后备人才基地管理系统中，已注册的教练员普遍仅填写了姓名、性别、单位、电话等，基本信息、工作时间、执教项目、职称、教育情况等大多数都未认真填写，很多教练员的工作时间是系统默认的1930年，执教项目是系统默认的射箭项目，职称和教育情况基本空白，从专家访谈中得知，有些“基地”仅注册了主管教练员，有些则注册了很多的教练员，后备人才基地管理系统目前只对运动员的比赛、测试等起到了管理作用，对教练员并没有形成有效约束，因此教练员的注册现象比较混乱。以上现象反映出了“基地”教练员不重视后备人才网上管理系统的应用，也为田管中心统一管理各“基地”带来了不便，建议在今后的工作中加强教练员对后备人才网上管理系统的重视，认真对待现代化的管理方式以便提高工作效率。

通过数据统计我们了解到，执教在10年以内的教练员占据总教练员人数的33.9%，这些教练员年龄普遍在40岁以下，这些教练员尚有较高的积极性以及学习新训练理念和方法的动力，处于职业生涯的上升期，工作积极性较高，但在执教的成功经验上资历尚浅。执教在15年以上的教练员占据全体教练员总数的46.6%,这部分教练员已经形成了自己的训练体系，对待训练有着自己的方法，他们其中一部分人已经带出过比较优秀的运动员，从他们的年龄结构上看，这些教练员处于41~50岁这个区间的居多，正是直接经验和理论理解比较成熟的时期，若其掌握和使用的训练方法科学，预计将会从这些教练员手中带出较多的优秀“后备人才”。

从教练员的整体年龄分布上看，年龄分布基本合理，但在40岁以下的年轻教练员所占比重略大，在对教练员进行培训和专家进行督导中，应当注重对这些教练员的培养，最好通过专家的指导使他们及时走出在训练和教育运动员时的“误区”。从教练员的整体执教年限分布来看，执教15年以下的教练员较多，这些教练员大多是退役运动员而来，在执教过程中经验主义较明显，但这些教练员普遍相对年轻，容易接受新的知识，因此在田管中心组织训练营及教练员培训期间，建议适当“照顾”这些教练员，适时地了解他们所需的知识和技能，更合理地安排训练营课程和教练员培训。

教练员的职称是经过国家体育总局田径运动管理中心认定的，一般情况下，职称的高低基本能够初步衡量一名教练员的执教水平。学历作为求学的经历，普遍认为是能够衡量一个人的一般学习能力和掌握一般理论知识、技能的一个标准。分析“基地”教练员的整体职称和学历，可以宏观掌握教练员的整体执教能力和学习能力。

通过数据统计我们可以得知，“基地”的教练员中绝大部分是高级和中级教练员，只有13.6%的教练员是初级职称，这说明“基地”教练员中有一定的执教能力，但高级教练员的比例相对较少，只有30.5%，中级教练员的数量超过了50%。青少年体校的教练员是一个需要综合能力的职业，不仅仅需要掌握运动训练方面的知识，有时更要对青少年的心理以及学习甚至是未来发展进行辅导和规划，因此经历过高等教育越来越成为作为一名全面的教练员所需要的学习和成长经历。在教练员的学历结构上，93.2%的教练员经历过本科或专科教育，接受过研究生教育的则只有两人。一般来讲，经历过高等教育的教练员基本能够满足青少年运动员的训练与辅导要求，但目前教练员的学历越来越高是一种趋势，“后备人才”的教练员最好能够具备学习和理解最新训练理论与方法的能力和一定的自主科研能力，而研究生学历的教练员仅有两人，因此从长远发展看来“基地”教练员的学历水平还需进一步提高。

运动员成材率的调查分析：

运动员是否能够成材，或运动员群体成材率的高低，是衡量一个训练基地训练水平高低的一项重要指标，也是衡量一名教练员的重要依据。“后备人才”的整体成材率将是评定整个后备人才管理、训练工作情况最好的指标。根据密森对“基地”教练员的统计，89%的单项基地教练员把后备人才培养的目标直接定位于在全国比赛和省级比赛中取得好名次。由于“后备人才”阶段年龄仅限于12～17岁，因此无法用以上标准来衡量成材率，所以，将2009年至2012年每年“后备人才”的训练总数与输送到上一级单位训练的数量进行比对，得到相应的输送率，以此来衡量运动员的成材率。

由数据统计我们得知，“后备人才”的总数较平稳，运动员的输送率在2012年大幅度增加，这与田管中心组建的国家少年田径队有一定的关系，国家少年队中，相当一部分运动员都是从“后备人才”中选调，因此2012年的输送率明显上升。作为田管中心重点关注的“后备人才”输送率的高低是否合理，还需要有关专家做进一步地探讨。

训练时间、专项理论学习、参训动机的调查分析:

运动员的训练必须要有一定的时间保障，这是培养出优秀运动员的最基本保障。专家指出，少年田径运动员正处于学习阶段，不应当以过分牺牲学习时间来从事运动训练，否则不易于小运动员形成正确的价值观和世界观，再者，少年运动员正处于身体发育旺盛时期，此时期若进行过量的运动训练，将对运动员的运动生涯不利。

从数据统计我们得知，“后备人才”的每周训练次数基本在6次以上，但有34. 7%超过了10次。周训练次数与各“基地”的管理有关，“基地”的单位性质基本是体校和传统体育学校，根据访谈，多数体校每天的练习次数能够达到两次以上（包括早操），由此可以看出，运动员的训练时间能够有一定的保障。

专项理论的学习能够帮助运动员更好地理解体育运动和自身的训练，运动员有了一定的专项理论知识，他们可以根据自身的感受以及理解，与教练员和科研人员的看法相结合，从而更好地制订训练计划，在训练中就不再是教练员指挥下的“机器”。根据专家的反馈，“后备人才”的专项理论知识还比较薄弱，基本上只是懂得些专项的动作和训练方法，还无法达到和教练员、科研人员共同促进训练效果的程度。加强"后备人才"自身的专项理论知识，是对其自身训练和成材有所帮助的，但对于12至17岁的少年运动员来讲，他们的学习能力和理解能力有限，没有必要过分强制地要求他们学习这些理论知识。

运动员的参赛动机将是维持运动员继续进行训练与比赛的动力，运动员不同训练阶段的动机往往不一样，但对于少年运动员来讲，参训动机相对简单。通过对教练员的访谈了解到，"后备人才"的最初选择从事运动训练，往往是因为文化课成绩不好而被迫选择，另外有一部分队员在参训一段时间后，试图通过比赛来达到进入大学的目的，这与田管中心的初衷相差甚远。"后备人才"的参训动机问题不是单方面的原因造成的，这也是我国竞技体育发展中的一大问题，但作为重点培养对象，是否应该适时地对"后备人才"参训的思想进行教育，是值得体育工作者研究的重要课题。

二、对比赛因子的分析

比赛因子包含六个变量，分别是队员年参赛次数、队员心理素质、队员比赛成绩、"赛练关系"处理、队员参赛级别、队员真实年龄，将依照他们之间的相互影响以及逻辑关系来进行分析。

比赛是对运动员平时训练成果的检验。随着越来越多的教练员和运动员开始认识到比赛对于一名运动员成长的关键性，"以赛代练"的应用也越来越广泛。运动员在比赛这个特殊环境下的水平发挥与表现能力是很难在平日训练中得到锻炼和很好的模拟，只有在真正的比赛中才能够得到最好的锻炼机会，因此需要教练员正确的处理运动员每年的参赛次数，并根据运动员的能力增长，适时地调整运动员的参赛及级别。根据了解，"后备人才"在其培养单位是运动员中的佼佼者，单位为了能够取得好成绩，往往让他们参加级别较高的比赛，但由于"后备人才"人数较多，比赛的级别难以做较规范的统计。"后备人才"中，有个别成绩突出的运动员每年能够有1—2次代表国家少年队参加国际比赛，有些则参加成人的大奖赛、挑战赛、冠军赛等，而大多数还是以参加市级、省级、国家级的比赛为主，地区的田径比赛也有参加。参赛的级别要根据运动员的运动水平、伤病情况、年度计划等进行动态的调整，少年阶段的运动员参赛目的应当是以积累经验为主，不应过分追求成绩。

通过数据统计我们得知，目前“后备人才”的年参赛次数主要在4～6次左右，也有近1/3的运动员只有1～3次。田管中心的专家指出，目前在竞走和投掷项目上的全国性比赛机会要比其他项略多，而地方的各种正式比赛水平参差不齐，因此运动员的参赛情况比较混乱；现阶段小运动员的参赛机会主要由两方面决定，第一是运动员现在的运动水平，水平高的运动员自然能够为自己争取到更多的参赛机会，第二是地区举办比赛的次数，全国性的比赛次数每年基本固定，而地区性质的比赛差异较大。对教练员来讲，运动员的参赛次数和训练的关系需要灵活地掌握，有些成长较快、参赛次数较多的运动员，应当可以考虑放弃一些对其自身成长影响较小的比赛，将机会给予更需要的运动员。

运动员的心理素质是决定比赛发挥的一个重要因素，心理素质不能简单地通过比赛的次数和比赛的级别来锻炼，但对比赛的适应是锻炼运动员心理素质的最有效手段之一。通过与“后备人才”的接触发现，这些90后的小运动员们，有着较天真的性格，他们的思想上没有过多的负担，但是也出现了对于比赛没有足够思想准备的情况。田管中心的领导指出，2011年在法国里尔举办的世界少年田径锦标赛增加了文化教育的内容，把体育竞赛和教育融合为一体，是对运动员综合素质的培养，不仅仅是通过比赛来交流运动技术，提高竞技水平，而且通过文化教育活动提升运动员的综合素质，对我们培养小运动员的心智很有启发。世少赛期间的活动能够有效地磨炼运动员心理、意志品质，激励运动员在困难面前，敢于面对，敢于挑战自我、超越自我。这些活动的形式，虽然并不是体育比赛和训练，但同样能够达到磨炼运动员意志品质和心理的效果，使运动员得到锻炼和提高，并且这些活动更加富有趣味性，更加贴近运动员的实际，吸引运动员踊跃参加，使运动员从中受益。

按照以往的经验，运动员的比赛成绩是决定是否向上一级输送运动员、教练员业绩评定等的主要因素。在总结我国田径以及竞技体育的经验和教训，吸取国外成功经验的基础上，田管中心相关领导已经意识到了以往过分注重专项成绩，从而导致运动员早期专项化所带来的弊端。田管中心的领导指出，我国的青少年田径训练，早期专项化严重，这是教练员、运动员以及管理部门心知肚明的情况，也是田管中心近些年来在青少年运动员训练方面要着重解决的问题，但由于各方面的原因，早期专项化问题还并没有得到实质性的解决。早期专项化将影响小运动员的运动生涯，在少年时期过分注重专项的训练，训练强度过大，忽视全面身体素质训练，是目前田径项目小运动员面临的最严重问题。经过相关领导以及专家的努力，已经于2012年在部分少年比赛中增加了全面身体素质测试的内容，身体素质测试的结果将影响运动员的最终名次，田管中心希望以此来做出第一步努力，今后还将逐步研究和出台相关政策以解决早期专项化问题。

运动员年龄造假已经是我国竞技体育一个人人皆知的秘密。年龄造假严重影响着我国竞技体育的公平性甚至是在国际上的声誉。作为田管中心关注的"后备人才"，其最终目标是夺取奥运会、世锦赛、世界杯的前三名，因此在成长过程中要坚决杜绝年龄造假带来的负面影响。"后备人才"的标准中明确规定后备人才的骨龄监测不得超过实际年龄的1.5岁，投掷项目不得超过2岁（以第二代居民身份证为准）。在每次单项集中训练营或是专家评定后备人才"基地"时，都会有相应的人员对相关的小运动员进行骨龄的审查，这从根本上杜绝了"后备人才"中年龄作假的行为，净化了"后备人才"队伍。

三、对科研因子的分析

科研因子中包括参训人员科研意识、伤病防治、科研与训练结合程度、科研设备条件、科研人员业务能力。如今，教练员和管理者已经能够认同科研对于运动员成绩提高的重要性。对于由地方体校和体育传统学校为主构成的"基地"而言，科研经费有限，科研水平与科研在实际训练中的应用很难达到一定的程度，因此一些单位想要引进很好的科研人员或是科研设备，显得力不从心。通过问卷调查发现，在118个受访基地中，只有54个"基地"有科研人员参与训练工作。

值得关注的是，有52个基地的科研人员都是以伤病防治的方式参与训练的，而其他选项又相对较少，访谈和考察中得知，大部分的科研人员主要从事的是队医工作。仅有18个“基地”能够进做到训练中最重要的生理生化指标的检测，由此可见目前“基地”的科研状况十分不理想。参与营养调配的有13个，据了解，“基地”的饮食主要是以食堂形式进行，对运动员一日三餐的饮食没有严格的营养学和训练学上的控制，所谓的营养调配是指为运动员额外进行的营养补充，如蛋白粉、矿物质、中药补品等。新理论与新方法的应用也是训练中很重要的一项内容，通过调查发现，这些应用新理论和方法的“基地”与进行生理生化指标监测的基地几乎相同。小运动员的心理辅导主要是由教练完成，科研人员参与很少。有超过一半的科研人员在工作中会撰写论文，这与科研人员的绩效评定有关，发表论文的数量和质量是目前评定科研人员的一项硬性指标。

四、对选材因子的分析

选材因子包括遗传因素、身体素质水平、专项水平、队员身体形态。当今竞技体育界，科技高度应用到训练和比赛之中，人类在体育竞技场上前所未有地发掘着自己的潜能，很多项目，尤其是体能主导类的项目已经越来越接近人类的极限，而且每当更新、更科学的训练理论与方法在运动员身上获得成功之后，就会迅速被应用到其他人身上。因此，运动员先天条件对比赛结果的影响便更加突出了。遗传因素在选材因子中所占比例最大，说明教练员能够明确认识到遗传因素对运动员成材的影响。陈广通过对我国广大基层体校的调查发现目前鉴于我国基层体校的现实条件限制，在对运动员进行选材时基本上以经验选材为主。运动员的身体素质水平、专项水平、队员身体形态是教练员进行主观经验选材的主要依据，主观经验具有一定的参考价值，但可靠性不强，基于此原因，田管中心在编写新的《中国青少年田径教学训练大纲》时特意加强了选材方面的内容，目前已有铅球、铁饼、竞走、中长跑四个项目出版并发放给各“基地”作为参照。以往的《中国青少年田径教学训练大纲》中，选材的具体指标较少且部分指标所定较高，此次编写在调整了指标的同时，又增加了一部分基层教练员较容易掌握的，国际上通用的部分指标。但客观考虑，在一般的基层体校中，能够对最大摄氧量、血色素等生理指标进行检测的单位较少，基于此，田管中心已经在部分重点项目的训练营或“基地”评估过程中适当安排对“后备人才”的生理指标检测，以此尽量弥补基层体校在设备或经费上的不足。

五、对经济因子的分析

经济因子包括训练比赛经费投入、队员家庭收入、地区经济水平和教练员收入。在多项先进科技参与进选材、训练、康复的今天，竞技体育的最终成绩已经与资金的投入有了重要的联系。训练和比赛始终伴随着小运动员的成长过程，因此各“基地”对训练和比赛的经费投入将是影响“后备人才”发展速度与质量的一项重要因素。在对各“基地”的调查中发现，有71.2%的单位教练员认为目前的训练经费不能够满足训练和比赛的需要。在《国家田径单项奥林匹克高水平后备人才及基地管理办法和实施细则》第一章的第七条明确规定各省（自治区、直辖市）各级体育局每年投入配套经费5000元/人或5万元/基地以上，主要用于保证“后备人才”和“单项基地”运动员、教练员参加集训、竞赛、培训的差旅费开支，以及训练器材的添置和条件的改善。另外在第五章第四十二条规定，国家体育总局田径运动管理中心将给予被命名为“单项基地”的学校一定的开办经费投入，主要用于训练器材添置和条件改善；在第五章第四十三条中规定国家体育总局田径运动管理中心每年将给“后备人才”和“单项基地”配备一定数量的训练装备，给“单项基地”酌情配备一定数量的训练器材。目前，“后备人才”可以保证每人得到一定的训练装备（训练服、比赛服、鞋等），田管中心每年为“基地”配备一定数量的训练器材，但由于“基地”数量多，器材配备有限，主要的训练器材还由各“基地”自行解决。通过访谈得知，田管中心为每个“基地”投入的开办经费为2万元，加上每年地方体育局的专门拨款，每个“基地”在一个奥运周期内的上级拨款为22万元，不在“基地”内训练的“后备人才”每年所得到的拨款我们无法具体统计。

除上级拨款外，训练比赛经费的投入还与地区经济水平有着密切关系，经济发达的地区财政拨款相对多，能够有更多资本来引进新的训练设施甚至是直接聘请优秀的教练来执教，有个别单位已经尝试了商业赞助的方法来寻求资金。

运动员家庭收入和教练员的个人收入是影响训练积极性的一个重要因素，从事田径训练是一项长时间并且需要忍受极大训练甚至是伤病痛苦的工作，从以往的研究中可以看出，收入较好的家庭往往不希望自己的子女从事竞技体育训练，对于教练和管理者而言“后备人才”的家庭经济情况将是在培养运动员过程中要考虑到的一项因素，但还是具体问题具体分析。

教练员收入普遍较低，较低的收入直接影响教练员的工作热情。缺失工作热情的教练员，工作态度和热情都不高。深入探究后备人才培养的模式及相关技术的热情显然也不会高。当然，并不是所有的教练员都是这样的，但这一因素的影响不可忽略。

六、对支持因子的分析

支持因子包括队员在校地位、学校重视度、队员家庭支持，三者有着相互关系。运动员在学校的地位关系到运动员在学校期间的生活状态，地位较高的运动员在学校的训练和学习中来自负面的压力较小，有助于专心训练与学习。

经过数据统计我们可以得知，“基地”主要有体校组成，因此可以简单地推断“后备人才”的在校地位主要取决于其运动成绩。“后备人才”作为田管中心关注的对象，在各自的群体中属于运动成绩较好的队员，因此，排除其他因素，单一看运动成绩，学校应当比较重视“后备人才”在学校的地位。

由体校为主组成的“基地”任务在于培养优秀的竞技体育后备人才，大多数体校不仅仅只有田径项目，体校对田径项目的重视程度往往体现在对该项目的资金投入上，从某种意义上讲，资金的投入又是运动员出成绩的重要保障，各个“基地”以及“后备人才”所在单位的具体情况相差很多，体校重视田径项目才能使我国田径的“后备人才”战略得到更好的实施和产生效果。

运动员的家庭支持情况，将会影响运动员对待训练和比赛的态度，严重情况下可能直接影响运动员是否继续从事运动训练，针对有较大潜力的“后备人才”管理部门应当适时地了解其家庭的支持情况，适当地做好家庭工作，避免优秀苗子流失。

七、对管理因子的分析

管理因子包括“后备人才”战略、举国体制、队员文化教育。国家体育总局田径运动管理中心的“后备人才”战略是以《中共中央国务院关于加强青少年体育增强青少年体制的意见》及国家体育总局的实施意见和《奥运争光计划纲要》为指导思想，最终目标是选拔优秀苗子，狠抓正确技术教学与训练，为田径重点项目培养输送高水平后备人才。根据专家论证以及我国田径优势项目发展要求，确定下来的5个项群以及143个“基地”的布局，是培养“后备人才”的摇篮，每年田管中心都对“后备人才”和“基地”的管理办法和实施细则进行修改，在现实工作中也针对遇到的问题具体分析解决对策以更好地发展“后备人才”战略。最高层决策上的修改和改进将影响整个“后备人才”群体的培养，因此坚持“后备人才”战略是保证“后备人才”发展的基础。

举国体制是我国竞技体育发展60多年以来的体制基础，近些年来，虽然有很多声音在批判我国竞技体育的举国体制，但举国体制的优势以及我们所取得的成功经验是不可忽略的。今后的一些年里，我国竞技体育还将走举国体制道路，但我们看到举国体制本身也在为了适应新时期的社会背景而进行着自我改良。田管中心的“后备人才”战略本身也是吸取了以往经验，着眼未来进行的改良。通过访谈了解到，目前田管中心对“后备人才”训练进行督导和监察的重点在于强调基层体校在青少年运动员训练阶段要以正确的运动技术和全面的身体素质训练为主，同时还必须遵循青少年身体发育时期的生理特点，坚决杜绝早期专项化问题。同时在《国家田径单项奥林匹克高水平后备人才及基地管理办法和实施细则》中还明确规定了“后备人才”的代表资格以及“后备人才”超出17岁后代表资格注册等相关事宜，可以说提前在政策上有所规定，为解决今后运动员的代表资格问题做出了努力。“后备人才”战略是在举国体制下吸收以往经验做出的积极尝试。

目前我国青少年运动员的文化教育情况并不乐观已是事实，对运动员进行文化教育的目的不仅仅是为了提高运动员的综合素质，从长远看，更是运动员退役后生活和工作的保障。对青少年运动员进行良好的文化教育，有助于其形成正确的人生观、价值观，提升他们的理解和分析问题能力，也会从侧面提高训练的效果。田管中心深刻认识到文化教育对“后备人才”的重要性，为了加强各单位对“后备人才”文化教育的重视，在每次训练营中设置了文化课考试或作文比赛等文化教育的内容，并在督导中对各“基地”的文化教育情况有所考察。

八、对训练设施保障因子的分析

训练设施保障因子包括训练器材保障、训练场地保障两个因素。训练的器材与训练的场地是完成训练任务的前提条件，“后备人才”在全国内分布较分散，其训练基地的建设情况和地方经济条件相差较大，加之田径项目小项较多，一些单项之间的训练特点对场地和器材的需求又存在着较大差异，因而对各“基地”的场地器材情况统计起来较为复杂。

通过数据统计我们得知，训练器材不能满足训练需要的单位占27.1%，总体来讲，“基地”的器材供应较好。在分项目来看，投掷项目对器材的需求较大，这与投掷项目特点有关，首先，投掷项目的专项器材如链球、铁饼等均属于消耗品，在训练过程中相对容易磨损导致无法使用；其次，投掷项目训练对力量训练要求较高，常使用些力量器械训练，因此对力量训练器械需求也较高。跳高、跳远、三级跳和撑竿跳高由于“基地”数量较少，在数据上尚不能明显地表现出器材的情况，但各项目均有器材不能满足训练需要的情况出现。有23.7%的“基地”表示场地条件不能够满足训练需要，这些“基地”集中在投掷和竞赛项目上。投掷项目对场地的要求很高，尤其是长投项目，在进行专项训练时需要占用很大一块场地，而体校的田径场在训练时间人员很多，不仅仅有田径项目，有个别“基地”的场地还对社会开放，

投掷项目的专项训练往往要错开场地使用的高峰时间。竞走和中长跑项目对场地的要求主要是要求跑道不被占用，竞走项目还常到“基地”外进行训练。长跑和竞走项目在街道训练更加贴近比赛实战，但街道毕竟较为嘈杂，安全没有很好的保障。

综合器材与场地情况来看，二者在“完全满足”“基本满足”和“不能满足”三个选项上的比例相近，投掷和竞走、中长跑项目的“基地”对场地和器材需求较高。

九、对教练员培训因子的分析

在专家访谈和在田管中心实习中了解到，由于有了较统一的管理和领导的重视，自开展“基地”和“后备人才”工作以来，相关的教练员的业务能力有了较明显的提高，但尚不能够完全满足运动员训练的需要。多数教练员在实际训练中，仍然以经验为依据，在小运动员身上“复制”自己当初作为运动员时的运动经历，对新的训练理论和方法应用较少，并且缺少有效的学习途径。

目前教练员的学习途径主要以参加训练营和观摩比赛为主，此外，田管中心青少部每年举办的国家田径高级教练员岗位培训班中也适当地考虑到了“基地”教练员的实际需求。田管中心每年每个项目至少组织一次基地训练营，在训练营期间，会安排国内外知名专家为教练员和运动员授课培训，通过一个奥运周期的探索与改进，训练营中的培训已经成为教练员每年获取新知识和训练手段的主要途径。目前对于教练员们能否把自己在训练营中所学的新理念与方法应用到实际训练中的问题还没有一个科学的量化的统计，根据本人对教练员的问卷认为训练营中学到的新理念和方法能够完全应用到训练中的占10.2%，能够部分应用的占73.7%，完全不能应用的占16.1%。

教练不能把训练营所学应用于实践的原因主要是出于没有学会或掌握不系统和没有经验不敢尝试。训练营中所教的内容都是目前比较适合各“基地”应用的训练理论与方法，建议组织专家在实际应用上下工夫，通过督导或建立教练员与专家的沟通渠道，方便专家和教练员相互探讨，不仅有利于

“后备人才”的训练，也能够强化专家和教练员“践行悟道”的过程，提升彼此的业务能力。

第二节　现阶段“后备人才”培养中面临的主要问题

通过专家访谈、问卷调查以及作者亲身在国家体育总局田径运动管理中心青少年部工作一年多的经验，归纳出了目前“后备人才”培养过程中面临的四个主要问题，并对问题逐一分析。

一、“后备人才”战略对田径项目整体发展的影响

“后备人才”战略的重点在于为我国田径的重点项目培养未来的希望之星，其战略实质属精英体育范畴，这种战略虽然容易在短期内取得一定成就，但也存在一定弊端。首先，“后备人才”的最终目标定位为6～8年内获得三大赛的前三名，而非推广田径项目，说明后备人才战略依然在走精英体育路线，依然在关注“金字塔”的塔尖上的成与败，因此从长远看，如果将过多的资源投入到“后备人才”战略中，难免影响到我国田径项目的长期发展。第二，田径项目在我国基层体校中开展最为广泛，“后备人才”战略为相应的教练员、运动员以及单位提供了相对较好的学习、交流、比赛条件，但“基地”数量有限，导致有限的资源，如运动员参赛机会、教练员培训机会等，倾向于“基地”，其余体校则所得实惠相对减少，从全国整体来讲会影响到非基地体校的发展。第三，从“后备人才”战略内部来讲，中竞走、中长跑“基地”数量所占比例过大，在实际的“基地”命名中，女子投掷项目中的饼球“基地”（铅球、铁饼“基地”）数量比例过大。每个单项“基地”的数量是根据我国田径的优势项目而定的，这样的布局再次证明了“后备人才”战略是走精英体育的路线，但从田径整体项目上讲，过多地注重优势项目的投入将影响到相对薄弱的项目的发展。第四，后备人才“基地”在

全国范围内分布广泛，这种现象虽然丰富了选材，但较偏远地区的“基地”参加集体训练营、培训、比赛等都较为困难，不易管理，也一定程度上影响了资源的分配。

二、早期专项化问题依然严重

早期专项化问题在我国竞技体育中已经长期存在，目前很多基层体校的教练员在运动员时代就是在早期专项化训练的背景下成长起来的，成为教练员后的他们以自己的经验来执教，致使早期专项化问题继续。此外，各基层体校过于注重自身的短期利益，急于让青少年运动员早出成绩，对运动员的训练缺少科学的、长期的规划，导致“揠苗助长”，或进行成人化训练，从而使很多优秀青少年运动员的运动生涯过早结束，断送了很多优秀苗子。目前田管中心“后备人才”工作的重点就在于防止运动员训练的早期专项化，田管中心从2012年开始已经在全国“基地”比赛中增加了全面身体素质比赛的内容来促使教练员在平日训练中注重训练科学化，但客观而言，早期专项化问题涉及的是我国竞技体育的体制、教练员对运动训练的认识，甚至是有金钱上的关系，因此并不是仅靠一两项比赛改革和部分教练员做出努力就能有大幅改变的。防止运动员早期专项化问题的工作从始至终贯穿田管中心的“后备人才”战略与日常工作，今后田管中心和各“基地”还将继续做出努力，这是今后值得广大教练和专家、领导更加深入研究和探讨的问题，对提升我国田径训练水平有着重要意义。

三、“后备人才”队伍组织管理困难

在创建“后备人才”及“基地”之初，“后备人才”主要是“基地”内的运动员，随着一个奥运周期的建设，“后备人才”的队伍已经加入了很多有天赋和潜力的但不在“基地”内训练的运动员，并且吸纳了许多国家少年集训队内的运动员，因此“后备人才”的组成和分散更加复杂。长期在国家少年队以及“基地”内训练的运动员和教练员相对容易形成有组织的训练和培训，也便于专家督导，但那些通过多种途径评选出的“后备人才”则比较零散，难以组织，跟踪了解其训练和成长情况则更加困难。此外，部分地区较偏远的“基地”也存在着参加培训、训练营、比赛困难的情况，如黑龙江鹤岗的“基地”，以地区偏远为由，已经有两年没有参加田管中心组织的训练营和培训，其“基地”的名号已经是名存实亡；新疆维吾尔自治区的三所“基地”虽然表示全力参加所有活动，但由于地区偏远，有些田管中心组织的统一活动依然难以参加。

四、“后备人才”评定标准仍需改进

在评定“后备人才”工作开始时，“后备人才”的标准是按照2009年版《中国青少年田径教学训练大纲》中每一章的第二部分各阶段选材的重点和标准中明确规定的各项指标来进行的，在实际的评定过程中，有部分未达标的，但先天条件和后天训练效果均不错的运动员也被纳入“后备人才”队伍中。运动员的选材本不应该是按照某个标准严格把关的一件事情，但能否纳入“后备人才”队伍又不能够仅凭专家或教练员的主观认识。通过一个奥运周期的评定与观察，基层教练员普遍反映《中国青少年田径教学训练大纲》中所列出的标准较高，运动员较难综合全面地达到这一标准。2009年版的《中国青少年田径教学训练大纲》在编写时尚未考虑到建设“后备人才”队伍的情况，因此此项标准并不完全适合用于选取“后备人才”，在编写时，选材标准是按照优秀运动员模板制定的，因此部分指标确实有些偏高。　自2010年，田管中心开始编写新的《中国青少年田径教学训练大纲》，此次大纲的编写侧重于“后备人才”的培养，并对选材标准中指标的全面性和指标的高低进行了调整，放宽了“后备人才”的门槛，在评定中给予专家和教练员更多的主观评价，对运动员的考察更加综合。目前已经有铅球、铁饼、竞走、中长跑四个项目的内容编写完成并出版。《中国青少年田径教学训练大纲》作为选材和训练的主要依据，应当在“后备人才”的培养中逐渐积累经验，编写更加完善。

五、教练员业务水平不足

目前的有关研究普遍认为教练员的业务水平是制约青少年运动员培养质量的根本。田管中心规定，每年对后备人才系统中的教练员给予一到两次培训，但从教练员个人的发展来讲，其业务能力的提高并不能单一依靠后备人才系统中的培训。教练员是一个需要终身学习的行业，因此在后备人才基地训练营或教练员的培训中，应当注重培养教练员的学习意识，并尽可能地发放些有实际操作价值的学习材料，尽量为教练员和专家提供长期的业务沟通渠道。

第三节　提高“后备人才”培养质量的对策分析

一、继续坚持和完善“后备人才”战略

“后备人才”战略实质上是集中部分训练资源，关注重点苗子培养的一种战略，其主要的目的有三点:首先在于选材，通过筛选，选出优秀的苗子；第二在于打基础，狠抓“后备人才”的科学训练；第三在于输送，将身体条件好的，有潜力的运动员输送到上一级单位训练，至此，运动员便完成了其在“后备人才”规定的年龄段即12～17岁期间的任务，也为最终目标——勇夺奥运会、世锦赛、世界杯三大赛事奖牌奠定良好的基础。

“后备人才”战略进行了一个奥运周期，已经起到了初步的效果，运动员的综合身体素质和教练员的执教能力已经有了一定的提高，“后备人才”工作还明显减少了运动员的代表权归属问题。在今后的工作中，还需要继续发现问题并继续完善“后备人才”战略，特别是在解决“基地”、运动员管理，科学化训练，教练员培训等方面的问题。

二、狠抓科学训练

“后备人才”工作中的重点就是指导运动员和教练员进行正确技术教学与训练，训练工作的重点问题是防止早起专项化。在四年的工作中，专家和田管中心领导始终在灌输科学化训练问题，强调教练员和各“基地”的领导不要将比赛成绩作为培养青少年运动员的唯一标准。在全国基地比赛中增加全面身体素质比赛就是一项从政策上鼓励教练员注重科学训练的做法。今后的工作中，最好能够从政策上对引导教练员和“基地”杜绝早期专项化问题，弱化比赛成绩的重要性，让各个环节把青少年运动员培养的重点放在长期发展上，杜绝急功近利现象。有了正确的政策引导，使运动员的科学训练与“基地”、教练员的业绩挂钩，再通过学习正确的训练理论与方法，摒弃错误观念，“后备人才”的科学训练问题就能够走向良性循环。

三、优化“基地”分布和质量

优化“基地”的整体情况首先在于根据我国田径项目的发展，适时地调整各单项“基地”的整体数量布局，使该布局更加合理。第二在于优化“基地”的整体办学质量。全国范围内的单向“基地”是培养“后备人才”的主要场所，“基地”的名单是一个动态的过程，应尽量将培养人才条件好的单位纳入得“基地”队伍中来，同时也应将表现不好的“基地”予以摘牌，将有限的资源分配得最合理，才能够达到最佳的效果。

四、加强专家督导和“后备人才”跟踪培养

由田管中心组织的专家督导是“后备人才”工作中的重要部分，并且是对各个“基地”平日工作的检验，专家的工作主要是了解和监察训练情况，帮助“基地”进行选材和制定计划，另外，还对“基地”的硬件设施以及训练中的问题进行总结和反馈。专家督导应当定期进行，由于专家有限，“基

地”在地域上分布又广泛，所以较频繁的实地督导就比较困难，建议加强“基地”与专家之间的直接对话，田管中心可负责监管。

目前对重点“后备人才”的跟踪培养工作较少，一方面由于资金和地域问题，尚难建立重点队员的训练队伍，另一方面运动员的调动也比较困难。2011年，田管中心与赞助商耐克公司进行合作，对中长跑运动员王春雨赴美国在著名美籍华人教练李黎的指导下训练的事宜达成一致，但最终由于运动员个人反对而没有将此事进行到底。类似王春雨的培养方式非常难得，值得今后继续努力。对于重点“后备人才”，田管中心可组织专家组专门负责指导，以多种方式和教练员保持沟通并给予一定的物质支持，在条件允许的情况下，也可将其纳入国家少年集训队，集中训练。

五、加强教练员队伍建设

目前“基地”内的教练员培训应当从以下几点入手。首先，加强领导对教练员培训工作的重要性认识。加强教练员培训、提升教练员业务水平就是潜在地在提高运动员的运动成绩，并且这是一项“长期投资”，教练员的业务能力提升，能够带动几代运动员训练水平的提高，对体校的未来发展以及田径项目的发展都起到积极作用。第二，建立多级的培训机制。目前“基地”内教练员参与的水平最高的培训为国家体育总局田径运动管理中心组织的培训，国家体育总局田径运动管理中心每年组织的教练员岗位培训是田径界公认的最权威、最能够解决教练员实际需要的培训，但是田管中心所举办的培训毕竟有限，参与人数也有一定的限制，要让培训惠及更多的教练员，还应当由各级体育局甚至是体校之间举办各种教练员培训，鼓励教练员之间的业务交流，并将培训的次数与培训效果考核与教练员的业绩相挂钩。第三，注意对教练员的文化素质的培养。教练员文化素质的高低，也是影响运动员文化学习一个因素，文化教育水平较高的教练员其理解能力和分析能力相对较高，更有利于其学习和使用新的训练理论与方法。

第四节　田径后备人才的保障条件

一、田径后备人才培养的资金来源和保障

通过调查统计，体育局系统的田径后备人才培养的资金88.89%完全依靠拨款。11.11%由社会资助。学校系统的资金96.15%完全依靠拨款，3.85%由社会赞助。田径后备人才的培养资金主要由国家拨款，对国家具有强烈的依赖性。

体育局系统具有独立的财政系统，国家每年都会对各级体校和运动队进行拨款，现在有一些企业或单位对一些体育项目进行赞助，对体育局系统的资金是一种补充，所以资金相对充足，基本能够满足运动员训练和比赛的经费需求。但是造成了体育局系统在资金上严重依赖国家，使体育局系统的积极性降低，缺乏自我创新的意识，从而导致发展的要求与资金的矛盾问题越来越突出，也对社会兴办体育产生了抑制作用。与之相反，资金问题一直是困扰学校系统发展的严重问题，学校系统没有专门财政体系来对课余运动训练进行保障，大多数学校的课余训练经费的来源仍是以学校拨款为主。由于学校系统中没有完整的法规性文件对课余运动训练的经费进行明确的说明，这就导致了课余训练的经费没有被学校列入学校的发展规划当中，课余运动训练需要资金的时候需要向学校进行申请，学校根据实际的情况来给予一定的资金，但是这种拨款的情况是很难保证课余运动训练的质量，对学生和教练员的积极性都是一种打击，长此以往造成恶性循环。

二、田径后备人才培养的硬件设施保障

通过调查得知，体育局系统的训练硬件设施14.81%教练员认为足够使用，77.78%教练员认为符合标准、基本能满足需求，7.41%教练员认为一般。学校系统的训练硬件设施3.85%教练员认为符合标准、足够使用，19.23%教练员认为基本能满足需求，28.85%教练员认为一般，46.15%教练员

认为较为缺乏。从训练设施来看体育局系统基本能够满足训练使用，而学校系统硬件设施较为的缺乏。

良好的硬件设施和训练后恢复保障可以提高运动员训练和比赛的质量和效果。体育系统的训练硬件设施的配备较为健全，场地、器材等硬件设施能够基本保证运动员的训练。而学校系统的训练没有足够的时间、场馆、器材设备的保障。遇到与普通体育课发生冲突，还得首先满足普通体育课。没有专用场馆和器材设备，只有极少数的学校有训练场馆，大多数场地简陋、器材缺乏，进行课余训练时，教练员的训练方案很难实施。学校没有标准的场地和器材，训练只能在简易的场地上或者用一些简单的器械进行训练，在不标准的场地器材上练习，导致运动员在比赛的时候因为场地不适应，对技术动作和心理产生影响，从而影响运动成绩。造成学校系统中这些问题的主要原因是经费困难，正常的器材经费得不到保证导致的训练设施的缺乏。

学校系统与体育局系统在后备人才培养中科研室、医务室、体育资料室形同虚设，不具备科学的指导运动训练的条件，远没有发挥出应有的作用。先进的科研技术能够促进训练的质量，而良好的医务监督对预防运动员伤病、延长运动寿命具有至关重要的作用，训练后良好的恢复可以保证运动员的大强度训练和比赛后尽快恢复，以更好的状态进行训练以及比赛。造成这些问题的原因可能是由于缺少资金和专业的人员的保障，还有是这几个方面没有能够引起教练员足够的重视。

三、运动员退役后保障

我国有大批的体育后备人才，只有极少数成绩优异的可以继续参加更高层次的训练和比赛，因此有大量的运动员因为成绩相对较差或者伤病问题不能够继续进行体育训练进而退役，运动员退役后如何的发展成为一大难题。

为了保证青少年运动员在退役后能够继续接受教育，体育局系统中每个重点业余体校和各级业余体校都有一些中专和高中作为退役运动员继续学习的定点合作单位，运动员在退役后可以选择进入这些学校继续学习，接受系统的文化知识的教育。然而运动员在体校中大多数时间是在进行训练和比赛，文化学习的时间很少，有时还要被训练占用，所以他们很少有机会进行系统的文化学习，当他们进入学校中进行文化知识的学习时，他们错过了接受教育的黄金时期，难以适应学校的学习环境，从而导致在学校中不能很好地完成文化知识的学习，甚至有些运动员直接退学。

运动员在退学后进入社会，虽然他们的学习能力较强，但是对社会以及其他方面的了解不是很深入，并且缺少专业的文化知识和专业技能，使他们很难在社会上找到适合自己的工作。有些运动员因为教练员过分追求优异的成绩在训练时往往不顾科学规律，超强度训练，对运动员的身体造成严重的伤害，从而使很多运动员伤病缠身，退役后更无法找到工作。学校系统在田径后备人才培养中主要通过课余运动训练，能够保证运动员文化学习的时间，运动员成绩不好退役还可以在学校中继续进行学习，接受完整的教育。学校系统教育资源丰富，可以帮助运动员更好地完成学业，不至于因为文化素质问题对以后的生活工作造成影响。体育局系统能够与学校系统加强合作交流，在训练的同时能保证运动员文化知识的学习，学校通过自身良好的教育资源配置对退役运动员进行教育学习，对他们以后的生活工作都会有帮助。